繁华如梦

唐代文物里的故事

金陵小岱

王征彬 著

繁华如梦

唐代文物里的故事

山东人民出版社

国家一级出版社 全国百佳图书出版单位

图书在版编目（CIP）数据

繁华如梦：唐代文物里的故事 / 金陵小岱, 王征彬著. -- 济南：山东人民出版社, 2022.3

ISBN 978-7-209-13552-8

Ⅰ. ①繁… Ⅱ. ①金… ②王… Ⅲ. ①文物—中国—唐代—青少年读物②中国历史—唐代—青少年读物 Ⅳ.①K871.43-49②K242.09

中国版本图书馆CIP数据核字(2022)第003036号

繁华如梦·唐代文物里的故事
FANHUA-RUMENG · TANGDAI WENWU LI DE GUSHI
金陵小岱　王征彬　著

主管单位　山东出版传媒股份有限公司
出版发行　山东人民出版社
出 版 人　胡长青
社　　址　济南市市中区舜耕路517号
邮　　编　250003
电　　话　总编室（0531）82098914
　　　　　市场部（0531）82098027
网　　址　http://www.sd-book.com.cn
印　　装　天津中印联印务有限公司
经　　销　新华书店

规　　格　16开（166mm×230mm）
印　　张　14
字　　数　145千字
版　　次　2022年3月第1版
印　　次　2022年3月第1次
ISBN　978-7-209-13552-8
定　　价　46.80元

如有印装质量问题，请与出版社总编室联系调换。

前言

　　薄如蝉翼的素纱单衣、暗藏"高科技"的长信宫灯、解开"秘色"之谜的青釉盘碗、记录苏轼落寞时光的《寒食帖》、"藏着宇宙星空"的神秘茶盏……

　　历经沧桑的文物，是从历史中走来的"精灵"，它们不仅默默见证了社会发展，还承载着悲欢离合、酸甜苦辣的百味人生。它们不应该只被收藏于博物馆中，更应该融入鲜活的世界和美好的时代，走进我们的生活，成为给予我们人生启迪的"最佳拍档"。正如习近平总书记所强调的，要"让文物说话、把历史智慧告诉人们，激发我们的民族自豪感和自信心"。

　　"让文物说话"，简单而又生动的一句话，给了文物极好的定位和舞台。在这样的背景下，"文物里的故事"丛书应运而生。本丛书主要选取有代表性的中国汉、唐、宋三朝的经典文物，将它们置于具体的历史情境中，以故事的形式讲述它们的由来、历史影响、文化底蕴等。

文物是有"生命"的，它们不仅会"说话"，而且有"温度"。书里通过文物讲述的故事中，既有踌躇满志的激情，也有壮志未酬的悲叹，既有让人由衷赞叹的高洁，也有令人哭笑不得的荒诞……当大历史与小文物融合在一起，历史上存在过的人、史料中记载过的事，通过一件件文物的轮廓、纹理、色彩变得具体、生动起来。有些文物虽是域外不同时期的作品，但讲述的是中国故事、传承的是中国文化，同样值得我们认识和了解。

　　"让文物说话"，也是让我们与文物"对话"，找到属于中国人的智慧和信念。所以，在通过文物讲故事的同时，本丛书还介绍了文物所承载的丰富内涵，比如鲜为人知的科学原理、超越时代的环保意识、与众不同的东方审美等，全方位、立体化地展现了中国古代的智慧和创造精神，让大家在读懂故事、了解文物的同时深受启迪。

　　本丛书集知识性、文化性、趣味性于一体，除了具有内容丰富、知识权威、话题感强、阅读轻松的特点，还配有大量精美插图，以及可以涂色、连线、做选择的互动小专题，帮助大家读得下去、动得了脑、上得了手，真正让原本"沉默不语"的文物变成"能说会道"、生动鲜活的可爱"精灵"。

目录

第三章　盛世遗韵

乾陵章怀太子墓墓道东壁壁画《客使图》

第一章

国兴东方

昭陵六骏:
唐朝的"开国功臣"里竟然还有六匹马

 深有寄托的昭陵六骏

每个朝代往往都有精彩的起源故事,唐朝也不例外。如果要选择相应的文物讲述唐朝的起源故事,昭陵六骏浮雕石刻称得上不二之选。

贞观十年(636年),与唐太宗李世民相伴20多年的长孙皇后病逝,时年36岁。李世民十分悲痛,下令在今陕西省礼泉县的九嵕(zōng)山上大规模修建他们夫妻二人合葬的陵寝——昭陵。在相关诏令中,李世民强调,希望将他在创业阶段所乘战马按照真实的样子雕刻出来,置于昭陵左右。这组精心设计、充满深情的宏大石刻,就是后来被置于昭陵北面司马门内的六匹骏马,后人称之为"昭陵六骏"。

在李世民之前,将战车、战马作为陪葬品埋入陵寝的帝王不在少

数，但把生前所乘战马刻石竖于陵内的，绝无仅有。元末明初著名诗人张昱（yù）曾作《唐太宗骏马图》一诗，其中写道："当时奇骨济时艰，驾驭尽入天人手。隋家再世俱凡庸，不知肘腋生英雄。晋阳奋起六骏马，蹴踏人海波涛红。帝王一出万邦定，干戈四指群小空……"面对威武雄壮的昭陵六骏，大概不只李世民会感慨万千，即便是千百年后的人，也难免会被他开创辉煌帝业的英雄豪情所感染。

隋朝末年，隋炀帝杨广滥用民力、穷奢极欲，渐失人心，各种反隋势力风起云涌。面对隋朝的土崩瓦解，大业十三年（617 年），身为隋朝著名将领的李渊在晋阳（今山西太原）起兵，带领儿子李建成、李世民等加入了反隋的行列，并很快攻取隋朝都城长安（今陕西西安），拥立杨广之孙杨侑（yòu）为帝。大业十四年（618 年），在得知隋炀帝于江都（今江苏扬州）被弑身亡后，年轻的杨侑禅位于李渊，唐朝由此建立。不久，李渊进封李世民为秦王，令其统兵平定各方势力，以期尽快完成统一大业。

作为我国历史上杰出的政治家、军事家，李世民从小便临机果决、极富远见。在预见到隋朝的灭亡为历史必然时，他开始暗中结交有识之士，降低身份吸纳人才，积极鼓动父亲起兵反隋，这才有了唐王朝短时间内的崛起。不过，有王世充、窦建德、刘武周、薛举等强敌环伺，想要完成唐朝的统一大业绝非易事。在转战南北的战斗中，李世民与他那六匹战马，成就了令人难忘的历史传奇。

不过，想了解这些历史传奇，还得从一位北宋名臣说起。

马上得天下

据文献记载，李世民在设计昭陵六骏时，特命著名画家阎立本为这些战马画像，他则亲自撰写了《六马像赞》——内容包括六匹马的名称、特征和他对它们的评价，并让书法家欧阳询书写后刻于石上。遗憾的是，这些原始资料都没保存下来。好在之后继位的唐高宗李治，又命著名书法家殷仲容将《六马像赞》在六骏的石座上题写了一遍。

四百多年后，北宋名臣游师雄到陕西任职，发现了六骏石座上的赞词。颇为看重前朝遗迹的他，觉得前往昭陵瞻仰六骏的道路十分险峻，便于元祐四年（1089 年）将六骏的线图和石座上的赞词集合在一起，刻成了"昭陵六骏碑"，让人们在山下也能领略六骏的风采。之后，随着带有题铭的六骏石座消逝于历史的烟尘中，这块石碑成了人们了解昭陵六骏的重要实物资料。六骏的名称和它们的故事，由此才广为人知。

如果能回到唐朝，我们将有机会看到昭陵六骏分东西两排，完整陈列在昭陵内的样子：在六个独立的石座上，六块宽约 2.1 米、高约 1.7 米、厚约 0.4 米的浮雕石屏对称排列，马头一致向南；西侧三匹依次名为飒露紫、拳毛䯄（guā）、白蹄乌，东侧三匹依次名为特勤骠、青骓（zhuī）、什（shí）伐赤。这些带有突厥语音的名字，不只描述了六骏的毛色特征，还暗含着突厥人给坐骑冠以荣誉称号的做法。比如飒露紫中的"飒露"，是"沙钵略"的译音，意为"勇健者"，而这匹马确实当得起这样的称号。

隋末占据洛阳的王世充，是唐朝建立后李世民所要面对的一个强大对手。有一次，双方在邙（máng）山（山名，在河南）开战。为了试探敌情，李世民以飒露紫为坐骑，率数十骑从敌阵背后杀了过去，王世充的士兵死伤众多。突然，一条长堤横在前面，李世民一行无法彼此接应。王世充的军队见状，一起向李世民冲来。李世民准备奋力拼杀，不料胯下的飒露紫却被飞矢击中前胸，情况十分危急。这时，李世民手下大将丘行恭赶到，向敌军连发数箭，百发百中，迫使敌人不敢上前。丘行恭将自己的战马让给李世民，并将飒露紫身上的箭拔了出来。之后，他一手牵马，一手持刀，连斩数人，突围而出。多年以后，成为皇帝的李世民对这件事仍记忆犹新，下诏"刻石为人马，以象行恭拔箭之状，

昭陵六骏中的飒露紫，民国时期被盗运出国，现藏于美国宾夕法尼亚大学考古与人类学博物馆

立于昭陵阙前"。昭陵六骏中的飒露紫雕像，正有一人站于马前，做拔箭之状，与李世民所下诏令中的内容完全一致。自然，雕像中那个相貌英武，腰挂横刀、弓韬的人，正是丘行恭。

虽然飒露紫是昭陵六骏中唯一带有人物的雕像，但是其他五匹骏马身上也都有十分精彩的故事。

与飒露紫相对而立，排在东侧首位的是特勤骠，它是李世民平宋金刚时所乘战马。作为隋末军阀刘武周手下大将，宋金刚曾屡次击败唐军。武德二年（619 年），李世民奉命与其周旋，很快占据上风。在次年追击宋金刚的战斗中，李世民曾奔袭于路，连续两天没吃东西，三天没有解甲，一天之内与敌军交战八次，终于将宋金刚击败。尽管雕像上的特勤骠没有受伤的迹象，但它在战斗中的表现一定让李世民印象深刻，与它"特勤"的名号正相契合。"特勤"在突厥是十分高级的官职，多由王室子弟担任。李世民以此命名这匹战马，可见他对特勤骠的偏爱。

与特勤骠同列，排在它之后的，是青骓和什伐赤，皆为李世民平窦建德时所乘战马。窦建德和王世充一样，也是当时割据一方的强大对

昭陵六骏中的拳毛䯄，民国
时期被盗运出国，现藏于美
国宾夕法尼亚大学考古与人
类学博物馆

手，他们甚至一度联合起来对抗唐朝。但与李世民相比，他们的政治和
军事才能终究略逊一筹。武德四年（621 年），两人先后兵败身亡。

六骏中的另外两骏，是排在飒露紫身后的拳毛䯄与白蹄乌，前者是
李世民在与窦建德的继任者刘黑闼作战时所乘，后者则是李世民在与薛
举之子薛仁果作战时所乘。昭陵六骏中有四骏身中飞矢，而拳毛䯄身上
的箭最多，前中六箭、背中三箭，可见当时战斗之惨烈。

通过一系列战争，唐王朝逐渐完成了定鼎中原的目标。李世民也
在各种危难时刻，显示了他力挽狂澜、堪为一代英主的才能与威望。
武德九年（626 年）六月初四，迫于太子李建成和弟弟李元吉的压力，
李世民在长安城太极宫的北宫门发动"玄武门之变"，射杀了李建成和
李元吉。很快，他被李渊立为太子，并于两个月后受禅为帝，是为唐太
宗。次年，李世民改元"贞观"，开始了他 20 多年的励精图治。

魏徵的建议

作为纪念性的大型浮雕石刻，昭陵六骏以其独具特色的写实性见证

李建成墓志拓片

该墓志是见证"玄武门之变"的珍贵实物资料，其文字相对较少，且其中的"隐"（谥号）字明显为后改（原或为"灵"字），透露了李世民对"玄武门之变"的态度，展示了他堪为仁君的胸怀和智慧

了唐朝兴起的峥嵘岁月。但马上得天下，焉能马上治天下？李世民想让自己的王朝走得更远，还必须在一个关键问题上做出决定。

登上帝位不久，李世民曾忧心忡忡地向大臣们提出一个问题：经历了天下大乱，如今该怎样治理国家？到底有没有什么方略能在短时间内使民心归附？对于这个问题，大臣之间出现了针锋相对的意见。

尚书右仆射（相当于宰相）封德彝认为，夏商周三代以来，人心不古、日渐浇讹，想要天下大治变得越来越困难。所以，在治理国家时，唯有像秦国一样坚持"霸道"，施行严刑峻法，方可使百姓威服。当时很多大臣都经历了隋末的战乱，见识了社会动荡带来的灾难性后果，所以封德彝强力治国的观点，得到了很多人的赞同。

曾为李建成手下官员，满怀儒家治国理想的魏徵，却不同意这种观点。他认为，之前不少君主是在乱世之后施行仁政，通过教化百姓获得天下大治的，如今可以继续这么做。如果真的人心日坏，不返纯朴，那么当今天下应皆为鬼魅，哪里还有人呢？民在危困，则忧死亡，忧死亡则思太平，思太平则易教化。此刻，即便是常人治国，也会很快获得成效；如果恰遇贤君，百姓拥戴，上下同心，恐怕不求速成也能速成。

最终，李世民接受了魏徵的观点，选择相信人可以通过教化而向善。随着一系列以民为本政策的实施，唐王朝逐渐改变了此前关陇贵族集团崇尚强权、迷信武力的作风，将国家的发展引向了儒家以德化民的道路。贞观四年（630 年），李世民期盼已久的海内康宁终于到来。这一年农业大丰收，没有人再流离失所；旅人甚至连干粮都不用带，沿途取给即可；而且社会治安良好，一年中被判死刑的人仅有 29 个。尤其值得一提的是，这一年唐朝还击败了东突厥，声名远播，西北各族君长尊李世民为"天可汗"，这是前所未有的荣誉。

三四年间能取得这样的成就，李世民不无感慨地说："这都是魏徵的功劳啊！"他还动情地指出："玉石不经良工琢磨，便和石头没什么分别，而一经良工琢磨，便堪为万世之宝。朕虽无美质，为公所雕琢，以仁义规范我，以道德开导我，使朕的功业至此，公亦足为良匠。只是这样的大好局面，不能让封德彝看到了！"贞观十七年（643 年），魏徵病逝，陪葬昭陵。他的墓是昭陵中唯一地处山上的大臣陪葬墓，也是离李世民的地下玄宫最近的大臣陪葬墓。

作为一代明君，李世民何尝不明白能马上得天下，却不能马上治天下的道理！所以，讲述唐朝的起源故事，不能没有昭陵六骏，但只有昭陵六骏又断然是不完整的。通过对身后事的安排，李世民不仅是在追忆逝去的年华，无疑也为后世提供了国家治理的重要主张。

昭陵六骏其实原来有毛发

历经千年的侵蚀，加上人为的破坏，昭陵六骏今已残缺不全，不少细节也已漫漶不清。不过，随着考古研究的深入，一些有关它们的"秘密"逐渐被揭示，为人们了解它们最初的样子提供了更多空间。

考古学家在清理昭陵北司马门遗址时，意外发现了一些从六骏雕像上脱落的残块，其中恰有几块可与现存的六骏雕像拼接。这些残块有的表面光滑，用细线刻画出来的毛发仍清晰可见。专家推断，这部分残块大约于晚唐五代时期从雕像上脱落，说明当时六骏雕像已有所损坏。通过对比能够发现，如今的六骏雕像被剥蚀了一厘米左右，已看不到任何毛发。加上丰富的细节刻画，六骏雕像的原貌当比现在更生动、更立体、更具神采。

另外，考古学家在清理遗址时，还发现了放置六骏的石座，所以唐高宗李治命书法家殷仲容将《六马像赞》题在石座上完全是可能的。遗憾的是，六骏石座分为三层，最上面一层很容易移动，如今已不复存在，或许殷仲容的题铭就在上面，但已一并遗失了。

1907年，法国著名汉学家爱德华·沙畹（wǎn）至昭陵拍摄了六骏照片，图为当时更为完整的拳毛䯄（左）和青骓（右）。数年后，六骏因被盗而分离，并进一步损坏

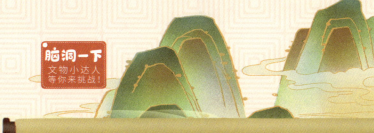

　　北朝乐府民歌《木兰诗》中写木兰从军时，"东市买骏马，西市买鞍鞯（ānjiān），南市买辔（pèi）头，北市买长鞭……"说明当时骑马需要配备不少的马具。发展至唐朝，马具更加多样，不少制作得十分精美而有趣，皇帝所乘御马的装备更是如此，比如其中的杏叶、火（云）珠和当卢便分外引人注目。这三种东西你能区分出来吗？

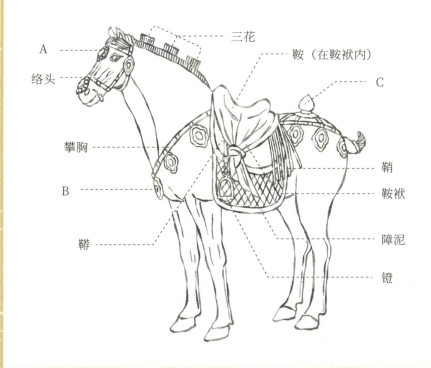

兰亭谜案:
唐太宗李世民真的派人盗过《兰亭序》吗

李世民对王羲之的推崇

贞观二十三年（649 年），一代明君唐太宗李世民逝世，被葬于他生前营造的昭陵之中。昭陵依山而建，异常坚固。不过，据史书记载，这座气势恢宏的帝陵，还是在唐朝灭亡之后，迎来了一场巨大的劫难。

唐朝之后的五代时期，熙来攘往，天下纷争。盘踞在关中地区的军阀温韬（tāo），为了获得唐王朝的宝藏，对其所辖范围内的唐朝帝陵进行了大规模盗掘。除了唐高宗李治与武则天合葬的乾陵未被打开，其他唐朝帝陵悉数被盗，其中也包括昭陵。温韬打开昭陵后，具体看到了哪些宝物，很难完全为人所知。不过，我国历史上的一件重宝可能就隐身其中，它就是东晋著名书法家王羲之的书法杰作《兰亭序》。

温韬进入昭陵宏丽的地宫后，在其中的石床上看到一些石函。打开石函，里面又有铁函。打开铁函，里面竟是李世民生前所藏前代书画。这些宝物在地宫中历经两百多年的岁月，依旧"纸墨如新"，令人称奇。被后世称为"天下第一行书"的《兰亭序》，为什么可能隐身在这些宝物之中呢？这还得从李世民对王羲之书法的极力推崇说起。

唐朝建立之初，李世民面临着偃武修文、重整文化河山的重任。颇为看重魏晋士族文化的他，遂从自己青睐的王羲之书法出发，大力提倡以研习书法为代表的文化教育，并花重金将王羲之的传世墨迹网罗殆尽，交由文臣士子临摹和参考，很快掀起了一股学习王字的热潮。

在李世民之前，喜爱王羲之书法的帝王不在少数，但像他这样痴迷并推己及人的绝无仅有。在组织人力编修史书《晋书》时，李世民专门

冯承素《兰亭序》摹本
此摹本勾描与临写并用，在诸多《兰亭序》摹本中被认为最具原作风貌，虽未必确为冯承素所摹，但仍为唐以来重要的《兰亭序》摹本

针对其中的《王羲之传》撰写了一篇"评论"，认为古往今来做到尽善尽美的书法家，不过王羲之一人而已，其余区区之辈，根本无法与他相提并论，即便是与其父王羲之并称"二王"的王献之也一样。所以，面对王羲之的书法作品，他常不知疲倦地详加揣摩、勤加练习，最终在书法方面取得了杰出成就。

李世民对王羲之的推崇，还体现在他对《兰亭序》的盛赞上。因为他的重视和推广，《兰亭序》自此天下皆知，成了地位崇高、绝无仅有的书法神品。而在此之前，王羲之的《兰亭序》并未产生广泛影响，甚至很少被提及。究其原因，或许在于这件书法作品一直被视若拱璧，仅在家族内部流传。

兰亭雅集

东晋永和九年（353 年），三月三日上巳节，王羲之邀约谢安、孙绰等 40 多位亲朋，借溪畔踏青、祛病消

碑刻《温泉铭》拓本（局部）
原碑为李世民所书，已遗失，拓本在敦煌藏经洞中被发现

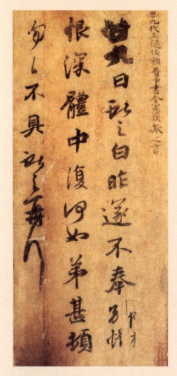

唐摹《万岁通天帖》中的王献之书帖，内容为："廿九日献之白：昨遂不奉别，怅恨深。体中复何如。弟甚顿。匆匆不具。献之再拜。"

灾的修禊（xì）之机，在兰亭举行了一场盛大的集会。这就是在我国历史上有深远影响的"兰亭雅集"。那天，天朗气清，惠风和畅，这些名士临水而坐，将盛满酒的耳杯置于水中漂流，漂到谁的面前谁就赋诗一首，不能成诗则受罚饮酒。大家畅叙幽情，十分开怀。

最后，他们决定将写出来的诗结集保留，并推举王羲之作序。王羲之慨然应允，很快写出了流传千古的散文佳作《兰亭序》。这篇文章情感深切，既写出了亲友相聚的欣悦，也抒发了人生苦短的愁悲，理趣深远，引人遐思。当然，作为千载一人的书法名家，王羲之所写《兰亭序》注定不只是一篇经典的文学作品，也是一件难得的书法杰作。只是王羲之去世之后，《兰亭序》书帖也淡出了人们的视野，很少有人知道大名鼎鼎的王羲之还有这样一件重量级的书法作品。到了李世民手中，

| 明 钱穀（gǔ）绘《兰亭修禊图》（局部）

它的光彩终于再难遮掩。至于它是如何被李世民收藏的，根据相关文献记载，这一过程颇为曲折离奇。

萧翼赚兰亭

随着李世民下诏重金购求王羲之墨迹，一位名叫辩才的和尚手中有王羲之《兰亭序》的消息流传开来。辩才之所以能得到《兰亭序》，缘于他的师父智永禅师。

智永禅师是陈、隋时期备受瞩目的书法家，他天资聪颖，更十分勤勉。文献记载，他几十年深居简出，勤练书法，用秃的毛笔成筐成瓮。后来，他将这些秃笔头掩埋起来并作文纪念，将埋笔处称为"退笔冢"。智永禅师一生中的一大贡献是书写了数百份《真草千字文》施于人间，当时江南地区的各大寺院都有收藏，使名门书法在江南地区得以发扬光大。今天，人们依然能看到他写的《真草千字文》。

智永禅师之所以能在书法上取得杰出成就，除了勤奋努力，多少也得益于家学。智永禅师俗姓王，名法极，为王羲之第五子王徽之的后代。他学习书法的一个重要参考，据记载正是王羲之的家传至宝《兰亭序》。这也让世人得知，王羲之逝世后，《兰亭序》传到了他的第五子王徽之手中。智永禅师舍家入道，并无子嗣，临终时便将《兰亭序》传给了他的得意弟子辩才。

李世民得知《兰亭序》的下落后，曾多次向辩才索求，但辩才始终坚称《兰亭序》早已在战乱中丢失。李世民当然不信，认为《兰亭序》

智永《真草千字文》（局部）

"真草"在这里为真书与草书的合称，真书即楷书。"千字文"，据史书记载，是梁武帝萧衍从王羲之书法作品中选出一千个字，命文臣周兴嗣编排而成的韵文。此文条理清晰、文采斐然、易于记诵，对后世儿童启蒙产生了很大影响

这么珍贵的家传宝物，不可能轻易丢失。强求不行，只能智取。这时，有大臣向李世民推荐了南朝梁元帝的曾孙萧翼。

南朝时江南名士辈出，作为皇族后裔，萧翼多才多艺，足智多谋。他扮作一位潦倒的书生接近辩才，两人聊起琴棋书画，十分投机。取得辩才信任后，萧翼欲擒故纵，说自己是王羲之、王献之父子的忠实追随者，收藏了不少"二王"书帖，甚至拿出李世民事先交给他的"二王"墨迹请辩才品评。辩才看后说，这些作品固然都是真迹，却并非佳善之作，遂将《兰亭序》从房梁上的暗格里拿出来请萧翼鉴赏。

萧翼看到《兰亭序》后佯装镇静，谎称《兰亭序》早已毁于战乱，这件作品绝非真迹。辩才说这是智永禅师临终时留给自己的，怎会有假！但萧翼的话已经让他心生疑虑，他决定将萧翼的"二王"真迹借

来，和《兰亭序》放在一起再行比较。这时，辩才早已放松警惕，甚至将这些宝物随意摆在案头。

萧翼和辩才成为好友后，得以随意出入辩才的居所而不引起僧人的怀疑。终于，他趁辩才一次外出之机，来到辩才的居所，将《兰亭序》和"二王"书帖一并拿去了，并很快交到了李世民手中。辩才得知萧翼的真实身份后，一度昏厥，但也只能接受。

这段被唐朝文献详细记载的掌故，就是我国书法史上著名的"萧翼智赚《兰亭序》"的故事。"赚"这里并不作"赚钱"的"赚"字解释，而读作"zuàn"，意思是"欺骗"。

画中玄机

身为一国之君，李世民果真会为了《兰亭序》如此大费周章吗？不管怎样，"萧翼智赚《兰亭序》"的故事流传甚广。

在辽宁省博物馆、台北故宫博物院和北京故宫博物院中，各自珍藏着一幅题材相同的画作。画面突出的位置上，一位老僧坐于藤椅之上，正与对面一位坐于木凳之上的书生对谈。这些作品大同而小异，据考证都是宋朝的临摹本，应该是仿照共同的祖本绘制的。这几幅作品画的到底是什么内容呢？有宋人认为，正是"萧翼智赚《兰亭序》"的故事；至于原画的作者，则是唐初大名鼎鼎的"丹青圣手"阎立本。

阎立本是我国古代少有的官至宰相的画家。他生于一个艺术氛围浓厚的家庭，不仅擅长绘画，而且精于设计，很早便开始在李世民身边任职，后来创作过不少与李世民政治活动相关的画作，还参与了昭陵和大明宫的设计。这样一位深得李世民信任的宫廷艺术家，真的会将当朝天子以欺骗手段夺得《兰亭序》的过程记录下来吗？不少研究者认为不太可能。所以，这些所谓《萧翼赚兰亭图》的内容值得再做审视。

仔细观察画面较为完整的《萧翼赚兰亭图》，之前被忽视的画面一角，或许能赋予这些作品新的内涵：画面上老僧的背后，有一位男子正蹲在火炉前煎茶；炉里的炭火燃烧，炉上茶铫（diào）里的茶汤即将煎好；一个侍童站在男子旁边，手持茶托、茶碗，正等着盛出茶汤向宾主奉茶；他们身边还放着具列（茶床）、茶则、茶碾等器物。综合这些因素，《萧翼赚兰亭图》至少与茶有关，可能是文人与禅师谈玄论道的"禅会图"或"烹茶图"。

作为茶的故乡，我国饮茶的历史可以追溯到久远的时代。发展至唐

辽宁省博物馆藏画面相对完整的《萧翼赚兰亭图》

朝，我国的茶文化迎来了一个新的时代，并出现了一部影响深远的茶类专书——"茶圣"陆羽所著的《茶经》。陕西法门寺地宫中曾出土过一套奢华的宫廷茶具，为唐僖宗李儇（xuān）所用之物，说明茶在当时深得皇室青睐。而唐朝还有大量的茶诗存在，这表明茶也像酒一样，曾激发过很多文人雅士的灵感。他们常独自饮茶或参加茶会，借以排遣内心的烦忧，向精神的更深处探求，就像唐朝著名诗人卢仝所写的那样：

"一碗喉吻润，两碗破孤闷。三碗搜枯肠，唯有文字五千卷。四碗发轻汗，平生不平事，尽向毛孔散。五碗肌骨清，六碗通仙灵。七碗吃不得也，唯觉两腋习习清风生。"

唐人饮茶的另一重镇是寺院。寺僧坐禅难免疲劳，而饮茶能提神醒脑、消除疲劳，所以僧人们常到处煮饮，渐成风俗。更重要的一点是，茶味清苦，这与坐禅修行的过程有不少共通之处。对茶的感受与对人生的感受相互交织，催生了"禅茶一味"的中国哲学，这更让茶成了文人雅士坐而论道的神奇媒介。从这样的角度认识《萧翼赚兰亭图》，一位老僧将自己对宇宙、人生的思考向一位俗世中人娓娓道来，倒也十分贴切。至于画中那位俗世中人是萧翼还是别的什么人，不妨自己去想象和填补。而这幅画的原作者究竟是不是阎立本，由于层层迷雾包裹，恐怕也很难追溯和确认了。

如果唐朝的文献记载无误，李世民得到《兰亭序》后对其倍加珍爱，特命冯承素、褚遂良、虞世南等当时的著名书法家各展其能，勾描和临写了多份颁赐给皇子和近臣。在生命的最后阶段，李世民特意吩咐臣属，自己去世后一定要将《兰亭序》陪葬入昭陵，让这件书法神品在另一个世界依然与自己相伴。不过，《兰亭序》最后是否真的被陪葬入了昭陵，已很难确认。有记载指出，温韬盗掘昭陵时，只取金银珠宝，书画作品被弃之如泥，全部被撕毁了。如果《兰亭序》就在昭陵，不知它是否躲过了这场劫难。如今，真本《兰亭序》确实已难觅踪影，只有唐朝和后世大量的摹本尚能让人一睹其风采。

褚遂良《兰亭序》摹本（局部）

此卷传为褚遂良所摹，未必切实，或为北宋摹本。乾隆四十四年（1779 年），乾隆皇帝将与《兰亭序》相关的八种法帖汇编在一起，刻于圆明园"坐石临流亭"的石柱上，这八种法帖遂被称为"兰亭八柱帖"，褚遂良《兰亭序》摹本便为其中之一

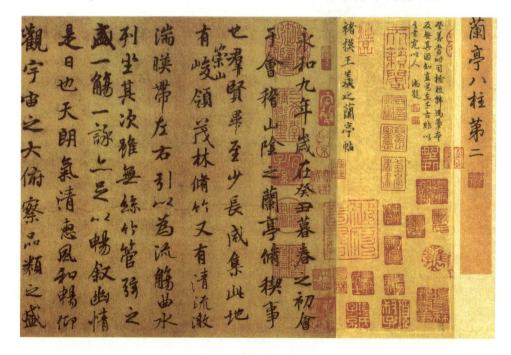

唐人饮茶要会"煎"

唐人饮茶的主要方法，并非今天的泡茶法，而是煎茶法。当时所用的成茶也并非今天常用的散茶，而主要是通过蒸压制成的团茶。煎茶时，首先需要对茶饼进行烘烤，不能太轻更不能焦煳。包住放凉后，还需要用茶碾将茶饼碾碎，然后过筛，选取细碎的茶末备用。

法门寺出土的咸通九年（868 年）造鎏金银盐台

接着是煮水。唐人对煮水非常讲究。当水微微有声，冒出较大的鱼目状气泡时，为一沸。这时可以撇去浮沫，以免影响茶味。继续加热，当水中气泡如涌泉连珠时，为二沸。此时可以舀出一瓢留用，并将茶末投入水中搅拌。再加热，水三沸时，势若奔涛，被认为"太老"，需要适时加进二沸的水止沸，以育茶汤。这样，茶才算煎好。值得一提的是，唐人饮茶会在一沸时加入盐来调味，而此前人们甚至会加入葱、姜等与茶一起煮。

发展至宋朝，点茶法逐渐取代了煎茶法。茶末不再入水煎煮，而是放入盏中，先注水调成膏状，然后继续注水，并用茶筅（xiǎn）击打，等盏中出现大量白色茶沫，方才饮用。

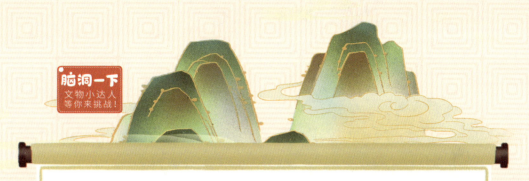

《兰亭序》的第一个字为"永"字，而古人也结合"永"字，总结了一套练习书法的用笔法则，这就是著名的"永字八法"，也就是"永"字八个笔画的名称和写法。关于"永字八法"的渊源，人们一般将其归于王羲之的总结，但也有人归于智永或张旭的总结。

"永字八法"有两套名称，一套为专业习书者对这些笔画的称呼，一套为这些笔画的通俗名称，对此前人曾总结如下：①点为侧，如鸟之翻然侧下；②横为勒，如勒马之用缰；③竖为弩，用力也；④钩为趯（yuè），与"跃"同；⑤提为策，如策马之用鞭；⑥撇为掠，如用篦（bì）之掠发；⑦短撇为啄，如鸟之啄物；⑧捺为磔（zhé），裂牲为磔，笔锋开张也。下面展示的便是"永字八法"，不妨去写一下，感受一下我国书法艺术的精妙。

武后绣裙:
用一根不朽的金线，造一场时尚的风暴

 一条神秘的绣裙

历经千年的沉寂，当考古学家面对它的时候，只能盯着一堆丝织品残片浮想联翩。可即使是一堆残片，也足够激动人心。

考古学家悉心清理、反复考证，知道这堆光彩夺目的丝织品残片

之中隐匿着一腰绣裙。这里似乎不是它该待的地方，因为这里是一座寺院——位于陕西省扶风县的法门寺。法门寺始建于东汉末年，唐朝时成为皇家寺院，强烈吸引着唐朝皇室的目光，因为这里安置着一件至宝——释迦牟尼的真身指骨舍利。

但是，为什么这座寺院里会有一腰女人的绣裙呢？这还得从法门寺地宫中出土的两块石碑说起。石碑中的一块为"志文碑"，上面的文字详细记述了唐王朝最后一次从法门寺迎奉佛指舍利的盛况。而类似的活动，在唐朝此前的一百多年中，已经发生了好几次。为了表示对佛的虔诚，每次迎奉佛指舍利，在位君主、皇亲国戚、高僧大德等，都会拿出奇珍异宝，供奉在佛前。随着唐朝皇室最后一次迎奉佛指舍利活动的结束，这些难得一见的宝物也随佛指舍利被一并封闭在了法门寺地宫中，并在之后一千多年未受打扰。

在迎奉佛指舍利的活动中，一个女人生逢其时，也留下了她的宝物，并被记录在了地宫中的另一块石碑——"物帐碑"上。"物帐碑"是记录供奉宝物清单的石碑，上面对这件宝物的清晰记录是"武后绣

法门寺地宫出土的盛放佛舍利的八重宝函。最外层的檀香木宝函出土时已朽坏，故只见七重

裙一腰"。武后绣裙！这意味着法门寺地宫中定然藏着一腰绣裙，而她的主人不是别人，正是声名赫赫、我国古代历史上唯一的女皇帝——武则天！

匪夷所思的唐朝"高科技"

作为权倾天下的女性，武则天自然拥有数不尽的华服，不过，这件她用来供奉佛指舍利的绣裙定然与众不同。可遗憾的是，历经千年，地宫中的丝织品大都已经朽坏，难辨其形，加上大量衣物互相叠压，又多是皇亲国戚、达官显贵之物，真让人一时难辨，究竟哪件才是真正的武后遗物。但纵观地宫中这些高规格丝织品无与伦比的制作工艺，即便是想象武则天绣裙的样子，也足以让人精神振奋：那一定是一件足以展示大唐气象的宝物。

考古学家面前的丝织品残片，不少历经千年仍光彩夺目，这是因为它们在制作时使用了大量金线，成功逃过了时光的侵袭。在一个特殊的黑色漆盒里，考古学家赫然发现，有五件紫红色的"衣服"竟然保存完好，包括袈裟、拜垫、半臂等，仿佛刚放进地宫一般。只是它们的尺寸都非常小，长度只有10厘米左右。原来，它们并非日常所用的真实衣物，而是仅作供奉之用的"衣物模型"。这几件物品全部使用了一种叫作"蹙金绣"的工艺，看上去十分精美。而这种工艺此前一直仿佛传说一般出现在古代文献中，人们并不知道它真正的样子，直到这些令人震惊的实物被发现。

| 法门寺地宫中发现的蹙金绣半臂 | 法门寺地宫中蹙金绣的细部放大图 |

"蹙"有收缩、盘结之意。如今我们知道，所谓"蹙金绣"，是用金线盘结成纹饰，再将它们缝缀到衣物上，显示"高花"的一种装饰方法。蹙金绣的制作看似简单，却实在是一项繁难的工作，因为这里用到的金线并非普通的金线，而是"捻金线"。所谓"捻金线"，如果被简单理解成将黄金拉成细丝，再搓捻成线，就大错特错了。真正的"捻金线"工艺要比这复杂得多。

制作捻金线，先要捶打极薄的金箔，使其薄到只有三四微米、见风即皱的程度。这本身就是一件匪夷所思的事。之后，还要把金箔切成一条条不到一毫米宽的"金线"。操作时，匠人必须屏住呼吸、小心翼翼，因为气息稍重，金箔便会被吹飞或吹皱。这时切出来的金线当然是扁平的，所以叫"片金线"或"平金线"。接着，要用蚕丝作为芯线，通过独特的搓捻方法，使片金线以螺旋的方式缠绕在芯线上。经过这道工序，捻金线的制作才算完成。

一名优秀的捻金线匠人，除了能使片金线足够细，还能在搓捻时使相邻的片金线之间留下均匀的空隙，以便有规律地显露芯线的颜色，使捻金线呈现独特的样貌。接下来，结合具体的使用方法，这些捻金线便能产生极为华丽的装饰效果。比如上文提到的几件"衣物模型"上的金线，结合蹙金绣工艺，被盘结成了团花、流云、山岳等图案。这些图案金碧辉煌、极富立体感，充分展示了唐朝高等级衣物的风采。

除了蹙金绣让考古学家大开眼界，法门寺皇家丝织品中用捻金线制作的织金锦，也是考古学家从未见过的。这些织金锦使用细如发丝的捻金线进行织造，图案更复杂、更细致、更生动，常用在裙腰、衣领、袖口等处作为边饰。所以，那腰武后绣裙上用到织金锦，并不令人感到奇怪。

历经沧桑，法门寺地宫中的不少蹙金绣和织金锦衣物都已褪去了颜色，但上面用捻金线制成的翔凤、鹦鹉、牡丹、菱格等图案仍熠熠生辉，昭示着这些衣物昔日的奢华与高贵。不管那腰武后绣裙完整的样子是怎样的，至少这些令人叹为观止、代表唐朝最高织造水平的制作工艺，已足够让人们对大唐气象和武则天的绝代风华充满想象。

惊艳世界的唐朝"时尚"

后来自名武曌（zhào）的武则天生于 624 年，她的父亲本是一位木材商人，因资助李渊起兵反隋而成为唐朝的开国功臣。武则天 14 岁时，唐太宗李世民听说她十分貌美，遂将她召入后宫，这成了她重要的人生转折点。李世民去世后，年轻的武则天被迫出家，不久被新继位的唐高宗李治接回宫中。655 年，武则天被立为皇后。几年后，李治因病难以

| 永泰公主墓壁画《宫女图》。从中可见唐朝前期女性的着装风格和审美取向

处理政务，国家大事渐由武则天处理。之后 30 年，她努力奋争，生杀予夺，终于在 690 年登基称帝，完成了我国古代绝无仅有的壮举。

从 7 世纪中到 8 世纪初，武则天实际统治唐朝近半个世纪，这必然会对人们的生活产生深远影响，比如隐藏在她那一腰绣裙背后、与唐朝女性服饰有关的"时尚风潮"。

唐朝木质仕女俑。其着装
比绘画更写实

如果一个生活在明清时期的人，突然出现在武则天时期，可能会为当时女性大胆奔放的着装惊讶不已。那时的女性服饰主要由艳丽的过腰长裙、束进裙里的短衫和类似披肩的帔（pèi）帛组成，偶尔还会在短衫外面围系精美的半臂。初唐的女性并不以胖为美，所以这些裙装整体修长而窄小，与当时女性的身形十分契合，很能凸显她们绰约的风姿。当然，这时的女性服饰还有一个特点尤为突出，那就是使用开领或低领。这种以袒露为美的倾向几乎贯穿了整个唐朝，这是当时女性张扬自我、深受胡风影响的结果。

随着武则天渐渐登上权力巅峰，女性变得更加自信，渴望更多地参与社会生活，甚至在历史上留下一段人生传奇。于是，唐朝时尚圈中的另一种倾向更加突出，那就是女性着男装。她们戴青黑色的幞（fú）头，穿紧身的袍衫，搭配贴身长裤和腰带，骑马、郊游、射箭……看上去英姿飒爽、神采奕奕。武则天的女儿太平公主，就曾

传为盛唐著名画家周昉所绘《簪花仕女图》（局部）。图中仕女的着装和审美取向已与唐前期有所不同

着男装出现在皇宫内宴上。而大量当时的墓葬壁画显示，达官显贵之家的女性多有穿男装的情况。

武则天统治时期，唐朝的国力越发强大，为之后的开元盛世开启了前奏。物阜民丰，女性的形体之美渐由初唐的纤细向盛唐的丰腴过渡，女性服饰也渐由初唐的修长窄小向盛唐的富丽宽肥过渡。于是，一场女性服饰与妆容的雍容华贵之风，在历史舞台上越发闪耀起来。"云想衣裳花想容"，唐朝的女性之美也由此成了恒久的传奇。

唐朝女性面对世界的态度，以及唐朝在服饰设计方面的理念和工艺，对当今的很多国家依然有十分深远的影响，越来越多的唐朝元素开始重新进入人们的生活。那腰武后绣裙虽然已不是唐朝时的模样，甚至我们并不确定它的碎片散落成了什么样子，但它所代表的大唐气象一直都在以自己的方式，惊艳着世界、惊艳着时光。

武则天的"除罪金简"藏了哪些秘密

1982 年，一位村民在嵩山峻极峰的石缝里，发现了一块刻有奇怪文字的长方形金片。后经确认，这块錾有六十三字双钩楷书铭文的金片属于一代女皇

| 武则天除罪金简（局部）

武则天。金片上的一些文字之所以奇怪，一方面是因为武则天笃信文字的神秘力量，创造了很多独特的文字；另一方面则是因为这块金片与道教的除罪祈福活动有关。综合这些信息，这块金片被称作"武则天除罪金简"，与法门寺地宫中的武后绣裙一样，是与武则天直接相关的重要文物。

　　古代帝王在祭祀活动中，常会将写有祈愿的简册埋进土里、投进水中或山间。武则天的"除罪金简"于久视元年（700年）七月初七投于嵩山，武则天当时 77岁。金简的核心内容是"除武曌罪名"。这里的"罪名"，一种观点认为，说的是武则天为当上皇帝杀人无数，晚年她产生了强烈的负罪感，于是向上天忏悔，渴望获得心灵的宁静。一种观点则认为，这里说的"罪"，并非实指。武则天晚年身体欠佳，可能对死亡产生了强烈恐惧，于是希望上天免除她一切罪恶，以求"长生"。至于哪种观点更准确，如今已无从查证。但不管哪一种，都是这位女皇心迹的坦露，让世人对她的精神世界多了一些了解。

脑洞一下
文物小达人
等你来挑战！

　　作为不可或缺的生活要素，服饰常能很好地反映一个时代的社会面貌。所以，要了解一个时代，服饰可谓极佳的窗口。下面这些女性人物图，只有一幅不是根据唐朝文物上的图案绘制的，你能根据服饰特征找出来吗？

A

B

C

D

E

F

唐三彩传奇：
并非瓷器的我，又何止你听到的三种色

奢华之色

晚唐有一位名叫郑谷的诗人，他曾写诗透露当时的王公贵族在穿衣方面对色彩的痴迷："布素豪家定不看，若无文彩入时难。红迷天子帆边日，紫夺星郎帐外兰……"其实，唐朝上层社会对奢华之色的迷恋不仅限于晚唐，更不限于衣物，而是遍及生活的方方面面。清朝晚期，一次意外的发现，让人们对唐人的这种热烈和张扬有了更多惊叹。

清光绪三十年（1904 年），由清政府批准建造的汴洛铁路（今陇海铁路的一部分）进行前期勘探，并于次年开始施工。当工程进展到汉唐以来著名的贵族墓葬区邙山时，人们在被破坏的墓葬中发现了大量陶瓷，其中既有杯、盘、瓶、罐等器皿，又有人物俑和动物俑。尽管人们

并不知道这些器物是什么，但它们斑斓
的色彩、别致的造型以及巨大的体量，
还是让闻讯赶来的古董商们兴奋不已。

很快，这些宝物被大量运往北京售
卖，引起了当时著名古器物学者的关
注。他们看后赞叹不已，并根据这些器
物的出土地点、艺术特色和伴生物，判
定它们所属的年代为唐代。国外古董商
和收藏者对这些带有雕塑风格的器物十
分青睐，一时间竞相争抢，致使它们大
量流失海外。

在此之前，这类器物在邙山附近其
实一直都有零星的发现，只是没有得到
应有的重视。此刻，人们开始遍查史
籍，想要知道它们究竟是什么，结果却
一无所获，史书上似乎没有关于它们的
任何记载。于是，人们根据这些器物丰
富的色彩，渐渐赋予了它们一个如今说
起来大名鼎鼎的名字——唐三彩。谈到
唐朝的绮丽之色，除了动人的锦衣罗
裙、奢华的珠宝翠玉、珍贵的金银器，

唐三彩贴宝相花纹罐

唐三彩贴花凤首执壶

不能不提热烈奔放的唐三彩。

1957 年，人们在西安市西郊南何村附近发现了一座盛唐时期的古墓。根据出土墓志记载，这里埋葬的是一个名叫鲜于庭诲的人。此人虽名不见经传，却大有来头。武则天统治后期决定还政于李氏子孙，遂立自己的儿子李显为太子。神龙元年（705 年），唐中宗李显逼迫武则天退位，第二次登上了皇帝宝座。在他当政期间，皇后韦氏擅权，在李显于景龙四年（710 年）驾崩后，欲效法武则天自居帝位，立刻遭到了临淄王李隆基和太平公主的反对。他们发动宫廷政变，将韦后诛杀，立李隆基的父亲相王李旦为帝（即唐睿宗）。在政变过程中，鲜于庭诲发挥了重要作用。李隆基继承皇位后（712 年），鲜于庭诲亲掌兵符，成了负责警卫禁宫的大将军。

开元十一年（723 年），鲜于庭诲去世。对这样一个深得自己信任的人，唐玄宗李隆基自然以高规格安排他的身后事，所以在鲜于庭诲墓中，出土了不少十分宏伟的唐三彩。它们几乎件件是精品，包括巨大的镇墓兽、文官俑、仕女俑、骆驼俑和马俑等。其中至为珍贵的，是一件骆驼载乐俑，无论其制作工艺、表现的场景，还是取得的艺术成就，都堪为唐三彩中足以展现盛唐气象的作品。

这件骆驼载乐俑首尾长 43.4 厘米，结构复杂，细腻逼真，看上去十分壮观。驼高约 50 厘米，昂首挺颈，体态健壮，安然地背负着一个铺有花毯的鞍台。鞍台上 5 个乐舞俑头戴幞头，身着袍服，形态各异。中间一个站立的胡人目视前方，右臂向前屈举，左臂后摆，似歌若舞，十分生动。另外 4 个人，两胡两汉，向外围坐在站立的胡人身边，持曲项颈琵琶、筚篥（bìlì）等乐器，或弹拨或吹奏或拍打，将丝绸之路上的异域风情展现得淋漓尽致。

尤其值得一提的，是这件作品的釉色，无论人物的袍服、花毯上的纹饰、骆驼的毛色，还是曲项琵琶和鞍台上细小的饰件，都分外艳丽而有质感，不能不让人沉醉于当时工匠的鬼斧神工。当然，这样一件堪为至宝的作品出现在盛唐，绝非一朝一夕能够实现的。在此之前，人们已经做了很长时间的努力。

唐 三彩骆驼载乐俑
鲜于庭诲墓出土的这件作品显示了浓郁的"丝路"风情，极为珍贵

它从哪里来

对于唐三彩，人们往往笼统地称之为陶瓷的一种。实际上，陶和瓷有很大的不同，唐三彩并不属于瓷器，而是上釉的陶器。唐三彩一般分两次烧成，第一次以1000℃左右的温度烧制素胎，称为素烧；素胎烧成后施釉，需要以800℃左右的温度再烧，称为釉烧，如此一件唐三彩才算烧制完成。因为整体烧制温度远未达到瓷器1300℃左右的烧成温度，所以唐三彩并非瓷器，而是釉陶。相比于制作精细的瓷器，釉陶的胎体往往不够致密，具有一定的吸水率，且上面的彩釉容易剥落。

釉陶的烧制在我国有着悠久的历史。远在汉朝，以绿釉、褐釉和酱釉为主的单色釉陶，已大量进入贵族阶层故去后的地下世界。这些制作成人俑、动物俑、香炉、谷仓、楼台、壶、罐等陪葬品的器物（明器），尽管看上去有些灰头土脸、做工粗陋，却已是汉朝厚葬之风下难得的配备。随着陶瓷制作技术的进步，北朝晚期和隋朝的工匠已能烧制黄釉绿彩、白釉绿彩等施用两种釉色的器物，为唐三彩的诞生奠定了基础。更重要的是，以人俑、动物俑等釉陶雕塑作为陪葬品的做法，数百年间始终没有中断。

1972年，考古学家清理发掘了李世民的亲信、曾参与玄武门之变的大将郑仁泰的墓葬。在这座封闭于唐麟德元年（664年）的墓葬中，考古学家发现了不少很像唐三彩的陶俑，只是釉色还不够丰富和灵动，并且带有彩绘。这种"类三彩"器，被认为是唐三彩诞生前的过渡器

| 李凤墓出土的三彩双联盘

物，为唐三彩的诞生奏响了序曲。而就在这座墓葬中，考古学家还发现了一个不起眼的器盖儿，根据其丰富的釉色变化，完全可以归入唐三彩的范畴。

此后不久，考古学家对另一座唐朝高等级墓葬李凤墓进行了发掘，发现了不少成熟的唐三彩，属于出现年代较早的一批唐三彩。李凤是唐高祖李渊的第十五子，他和妻子刘氏合葬于唐上元二年（675年），所以唐三彩的正式烧成应该在此之前。

通过这些发现，考古学家认为，唐三彩或滥觞于唐高宗李治时期，经过武则天、中宗、睿宗时期的发展，最终在玄宗朝初期达至巅峰。

究竟好在哪儿

为什么唐三彩自被发现以来便备受世界关注，堪称空前绝后的创造？这不仅在于它们诞生于辉煌的唐朝盛世，具有丰富的历史和文化研究价值，更在于它们极具异域风情、生动鲜活的造型艺术和热烈奔放、瑰丽雄奇的釉彩工艺。

唐三彩器物，按照形态差异，可大致分为生活器具和陶塑两大类，无论哪种都深受外来文化影响，充满了巧思和设计感，充分展现了唐人对绚丽的追求。对于常见的盘、罐、瓶、壶等器物，匠人们在制作时也绝不会掉以轻心，在借鉴金银器等时尚器物造型的基础上，会煞费苦心地综合运用贴塑、模印、仿生等工艺，将它们制作得犹如艺术品，而不仅仅是生活用器。这类器物中的双龙柄盘口尊、凤首扁壶、雁鸭形器等，都是备受关注的珍品。至于唐三彩中气势恢宏的雕塑，更是人们津津乐道的宝物。

作为重要的运输工具和代步工具，马和骆驼与唐人的关系非常亲密。前者能帮助人们在战场上冲锋陷阵、建功立业，后者能帮助人们在丝绸之路上披荆斩棘、互通有无，所以在唐人的地下世界，必然少不了它们的身影。这些唐三彩的马俑和骆驼俑虽然形态各异，但往往腿长身健、高大精壮，或引颈嘶鸣，或俯首静立，或蓄势待发，或顽皮可爱，异常生动，令人赞叹不已。

除了马和骆驼，唐三彩雕塑中还有种类繁多的人物俑。据身份，有文臣、有武将、有仕女、有商贾；据形态，或立或坐，或牵马或引驼，或演奏或歌舞。这类三彩俑对出行、商旅、宴饮等场景有非常精彩的描绘，对服饰、妆发、礼仪等文化也有非常具体的展示，构成了一幅幅生动的社会风情画。

造型设计固然重要，但唐三彩之所以是唐三彩，还在于它雄浑大气、变化万端的釉色。需要指出的是，所谓唐三彩，并非实指某三种釉色，"三"在这里为虚指，表示色彩丰富。不过，从唐三彩烧制成功开始，一些采用相同工艺、只有一两种釉色的作品，往往也被称为唐三彩。但大部分唐三彩都有黄、白、褐、绿等多种釉色，并且不同釉色由于流动而具有斑驳淋漓的深浅变化和交流融合。正是这种特质，使唐三彩有了一种不拘小节的豪壮，与唐人自信、包容的风貌颇为相符。

唐三彩之所以能有如此丰富的釉色变化，首先与它的釉质有关。唐三彩所用的釉，是一种低温铅釉。这种釉很容易熔融流淌，垂成丝条，就像绘画的颜料一般，很适合在器物上任意挥洒。以此为基础，结合一定的施釉工艺，便能创造神奇的艺术。而唐朝发达的衣物染缬（xié）技术，正为相关工艺提供了强大的技术支撑。所以，在不少唐三彩上，可以看到和唐朝衣物相同的装饰图案和装饰效果。

任何一种艺术的产生和发展都离不开对其他门类艺术的学习和借鉴。身处一个开放包容的朝代，唐三彩能在此前釉陶的基础上脱颖而出，大概也算是一种必然。接下来，通过陆上和海上丝绸之路，它到达了世界上很多地方。在它的影响下，西亚的波斯三彩、朝鲜半岛的新罗三彩、日本的奈良三彩应运而生，它们在世界不同的地方展示各自的精彩，皆备受瞩目。

斗转星移，千年时光流转。如今，唐三彩的瑰丽依旧不减从前。它注定是历史的传奇，等待着更多人去欣赏、去赞叹。

唐三彩 "消失" 之谜

考古学家在研究唐三彩时发现了一个有趣的现象，那就是等级较高、较为精美的唐三彩基本都出土于唐朝两京地区，也就是洛阳和长安达官显贵的墓葬。而这样的唐三彩在普通的唐三彩窑厂很难见到。这意味着，那些高等级的唐三彩可能是在两京地区的专门窑厂烧制的，甚至带有官方背景。

什么样的人使用什么样的陪葬品，唐朝有明确规定。为了遏制厚葬之风，唐玄宗在位期间曾数次下达诏令，规定没有资格的人对陪葬器 "不得辄请官供"。其中被限制使用的，自然少不了主要用作陪葬品的唐三彩。随着这些诏令颁布，那些带有官方背景、工艺精湛的唐三彩自然慢慢少了起来。所以，在不少人看来，唐三彩似乎在玄宗朝后期逐渐消失了。

这其实是一种误解，因为之前制作唐三彩的小窑厂还在继续生产。随着陪葬唐三彩的风气得到遏制，工匠们开始将相关技艺用于制作日常生活用品，包括孩子的玩具等。当然，这也意味着唐三彩并不全是陪葬器，还有一部分供人们在日常生活中使用。

| 唐三彩粉盒

　　唐三彩向来以色彩斑斓、大气磅礴著称。日本正仓院也藏有一些三彩器，但这些作品是当时的日本工匠按照唐三彩的工艺仿制的。仔细观察会发现，这些仿制品与唐三彩色釉流淌自然、互相浸润的艺术效果有很大不同。下面这三件三彩器有两件来自日本正仓院，只有一件是唐三彩，你能找出这件作品吗？

A

B

C

唐 佚名画家绘《唐人宫乐图》

第二章

梦回繁华

镜鉴万象：
一面人面桃花相映，一面绮丽繁华相生

唐传奇里的宝镜

　　隋大业七年（611 年）六月，一个名叫王度的人前往都城长安（今陕西西安）。走到长安近郊时，天色已晚，他便住进了一户人家。这户人家刚收了一个婢女，名叫鹦鹉，端庄而美丽。王度安置好车马，拿出铜镜，准备整理一下衣冠。不承想，那名婢女从远处看到，突然哀号起来，并且叩头不止。

　　王度非常疑惑，便逼问她的来历。原来，她是一只千年狐妖，化为人形后备受摧残，不久前才被送到这户人家，暂得休养。谁能想到，她在这里又遇到了王度手里的宝镜。

　　被这面宝镜照到，她即将现出原形，以后再也不能幻化成人。但她

宋末或元初 佚名画家绘《搜山图》（局部）

此图描绘了二郎神搜山降魔的民间故事。画中的妖怪，或为兽形，或化为女子，在天兵天将的追逐下凄惨逃生，难免令观者产生深深的同情。《古镜记》中鹦鹉的故事同样能让人产生类似的复杂情感，这自然是优秀文艺作品的不同凡响之处

化成人形已久，不想再以动物的形态活下去，所以即便王度想要放过她，她也不想苟且偷生。她提议，不如大家痛饮一番，让她度过这最后一点做人的时光。随后，鹦鹉大醉，奋衣起舞而歌："宝镜宝镜，哀哉予命！自我离形，而今几姓？生虽可乐，死必不伤。何为眷恋，守此一方！"唱完，她便化为一只狐狸死去了。大家无不深受震动。

这则颇有意味的故事，当然是虚构的，它出自唐传奇的"开山之作"《古镜记》。尽管这篇作品中的十几个故事都是虚构的，其中却也保存了不少真实的历史材料。比如故事中的主人公王度，便确有其人。这位活跃于隋末唐初的文学家，据考证不仅是《古镜记》的主人公，也是这篇小说的作者。而小说中的另一位主人公王绩，也确有其人，为唐

朝五言律诗的奠基人。小说里记述的他们的生平履历甚至能与史书相印证。既然如此，小说中那面神奇的铜镜，会不会也有实物为参照呢？

根据《古镜记》的描述，王度得自高人的那面古镜，直径八寸，背部的镜鼻作麒麟蹲伏之状，镜鼻四周龟、龙、凤、虎依方陈布，四方之外设八卦，八卦之外设十二生肖，十二生肖之外铸二十四字，环绕镜背一周，字体有隶书风格，却又非字书上所有。将这面镜子举起叩击，可以听到极为清脆的声响，很久方息。这样的镜子真的存在吗？在沉没于印度尼西亚勿里洞岛附近海域、1998年开始打捞的"黑石号"唐朝沉船里，考古学家没有想到，他们竟会发现一面与此极为相似的铜镜。

尽管这面铜镜锈迹斑斑，但在它的背面，仍可见王度描述的那些"神秘元素"——兽状的镜鼻、代表东西南北四个方位的神兽、八卦以及铸在外围的二十四个文字。《古镜记》中描述的那面铜镜上写的什么不得而知，"黑石号"上这面铜镜的铭文为：唐乾元元年戊戌十一月廿九日于杨（扬）州扬子江心百炼造成。

通过这段铭文可以知道，这面铜镜铸造于唐肃宗乾元元年（758年），铸造地点为当时著名的港口城市和制镜中心——扬州。尤其令人振奋的是，这段铭文还透露该镜属于文献中记载的"江心镜"。要知道，在此之前，还没有哪面铜镜带有如此详细的铭文，申明其为"江心镜"的。这不能不说是一个重要发现，因为江心镜实在是唐朝制镜史上的一个传奇。

| "黑石号"上的江心镜 | 隋 四神镜

 **精益求精的江心镜**

天宝三载（744 年）五月十五日，扬州参军李守泰向玄宗皇帝进奉了一面铸造精良的铜镜。这面铜镜直径九寸，青莹耀目，背有盘龙，长三尺四寸五分，身姿矫健，十分生动，玄宗皇帝看后很是惊讶。接着，作为贡镜官的李守泰为玄宗皇帝讲述了这面铜镜的铸造过程。

铸造这面镜子的扬州工匠名叫吕晖。五月初一那天，他在思考铸镜一事时，忽然有一位自称龙护的老人前来拜访，说自己知道在镜上铸造真龙的法门，如果吕晖按照自己所说的形制铸造铜镜，一定会得到皇帝的称赞。之后，这位白衣老人和他带来的黑衣童子在铸镜的地方闭门三日未出。三天后，门户洞开，吕晖等人进到院里寻觅。龙护和童子已杳无踪迹，只在镜炉前留下一纸文字，详细说明了铜镜的设计理念，最后还附有一首歌，其中有"盘龙盘龙，隐于镜中。分野有象，变化无穷。兴云吐雾，行雨生风"的话。吕晖等人将镜炉放到船上，于五月五日午时在扬子江心铸成了这面铜镜。

尽管这则文献资料中有不少虚妄的成分，却大致说明了江心镜的铸造过程。江心镜又称"水心镜"，是唐朝著名的贡镜，因在扬子江上铸造而得名。唐朝人认为，铜镜反复冶炼会越炼越精，所以这些进奉给皇帝的江心镜往往会冶炼几十遍、近百遍，所以又有"百炼镜"之称。至于这些铜镜为什么选择在五月五日午时铸造，则与我国古代的阴阳五行观念有关。五月五日也作"午月午日"，午为火，所以古人认为这一天是一年中阳气最盛的时候，再加上"午时"，便有了三重之火。火克金，此时自然是熔金铸镜的好时候，并且此时铸造的铜镜，被认为还有各种不可思议的神秘力量。这些在今人看来并不科学的观念，却是古人追求与自然和谐统一的重要主张，并长期支配着人们的生活。当然，因为质量上乘，备受追捧，江心镜不会只在五月五日这一天铸造，"黑石号"上那面江心镜的铸造时间便说明了这一点。

由于铸造条件苛刻，江心镜的铸成率往往很低，不少铜镜会在反复冶炼中损坏，进而耗费巨大的人力物力。但为了满足皇帝用镜赏赐群臣等的需要，扬州的工匠们每年不得不为此付出艰辛的努力，即便是在安史之乱的背景下，扬州的贡镜官也要奔赴千里之外，将铸好的铜镜送到玄宗皇帝手上。

　　大历十四年（779 年），玄宗皇帝曾孙、新继位的唐德宗李适
（kuò）已意识到这种贡镜制度不合理，便提倡节俭而将其废止。但从
实际情况看，扬州的贡镜传统并未因此而终止。唐宪宗元和四年（809
年），著名诗人白居易不无感慨地写下了《百炼镜》一诗："百炼镜，
镕（róng）范非常规，日辰处所灵且祇（qí）。江心波上舟中铸，五月
五日日午时。琼粉金膏磨莹已，化为一片秋潭水。镜成将献蓬莱宫，扬
州长吏手自封。人间臣妾不合照，背有九五飞天龙。人人呼为天子镜，
我有一言闻太宗。太宗常以人为镜，鉴古鉴今不鉴容。四海安危居掌
内，百王治乱悬心中。乃知天子别有镜，不是扬州百炼铜。"

　　诗中的道理无疑很值得思考。

| 唐 盘龙镜

异彩纷呈的唐朝铜镜

通过白居易的诗歌和其他记载可以知道，深得玄宗皇帝青睐的江心镜的背部纹饰为盘龙，而人们在"黑石号"沉船上发现的江心镜并非如此，这是怎么回事呢？其实，这正反映了唐朝铜镜在铸造形制上的多样。想要通过铜镜感受大唐的气象，就不能不了解当时镜形设计的丰富和镜背装饰的异彩纷呈。

"黑石号"沉船上的江心镜，背面以四神、八卦和二十四个文字作为装饰，这些纹饰加上十二生肖，便构成了唐朝前期一种非常流行的铜镜纹样，所以它与《古镜记》所描述的那面铜镜十分相似。这些图案带有明显的道教旨趣，所以王度在作品中赋予了那面宝镜各种各样神奇的功能，除了能够制伏精怪、驱赶野兽，还能疗愈疾病、平息波涛。诸如此类的铜镜在唐朝的记载中还有很多，人们使用这样的铜镜，除了整理衣冠，当然也希望它们能给自己带来好运。"黑石号"沉船上的江心镜或许也被人们寄托了这样的功能，遗憾的是，人们的祈愿没能实现，这艘满载货物的商船还是触礁沉没了。

在形式多样的唐朝铜镜中，还有一种铜镜向来以制作精良、造型考究著称，那便是唐朝前期大量出现的海兽葡萄镜。这种铜镜既有圆形的，也有方形的，其背部典型图案由高浮雕的瑞兽、葡萄等组成，装饰极为繁密，令人叹为观止，又有"瑞兽葡萄镜""海马葡萄镜"等多种

| 唐 海兽葡萄镜

称谓。海兽葡萄镜之所以大量涌现，与当时胡风盛行有关。葡萄尽管在汉朝已从西域引入中原，唐朝人对它并不陌生，却依然认为它是异域的象征。除了葡萄，这类铜镜上的海兽也极富异域色彩。这种生物看起来既像狮子，又像传说中的神兽狻猊（suānní），很是神秘。随着时间的推移，人们又在这类铜镜中加入了中国人喜闻乐见的禽鸟等元素，创造出了中西合璧的新式样，充分展现了唐朝在文化方面的开放与包容。在一些海兽葡萄镜上，人们发现了官府参与铸造的证据，这大概就是它们会显得如此精美的原因之一吧。

尽管海兽葡萄镜已装饰得足够繁复，但在一些特种工艺镜前，它的华丽就相形见绌了。这些特种工艺镜常以金银、宝石、玻璃、蚌片等珍贵材料在镜背做精细加工，构成色彩绚丽的人物纹、花卉纹、几何纹等，显得极为华贵，比如金银平脱镜、螺钿镜、金背镜、银背镜以及宝

唐 高士宴乐纹嵌螺钿铜镜

唐 花卉神兽纹鎏金银背镜

带有"吕神贤"款识
的唐葵花形月宫纹镜

装镜、宝钿镜等。这些铜镜与其说是为了鉴容理妆，不如说是为了欣赏、供奉和装饰。

圆仁为晚唐时期入唐求法的著名僧人，曾著有《入唐求法巡礼记》一书，详细记载了他在唐数年间的见闻。唐文宗开成五年（840 年），圆仁曾在五台山的寺院里见到"宝装之镜，大小不知其数"，可见这些制作华美的铜镜另有所用。除此之外，史书中还有不少关于唐朝皇帝使用这样的铜镜装饰宫殿的记载。美则美矣，只是如此奢靡的用度，不免增加百姓的负担。实际上，此时的唐朝，由于铜料紧缺、社会动荡等原因，之前那种材质精纯、装饰华美的铜镜已经越来越少了。

不管怎样，唐朝铜镜都以特有的风貌缔造了传奇。这不禁令人想起一个名叫吕神贤的制镜匠人。开元十年（722 年）五月五日，吕神

（传）宋苏汉臣绘《靓妆仕女图》（局部）
图中各种元素带有明显的宋朝风格，为今人了解古人
的生活提供了参考，当然也包括古人的用镜方式

贤曾为一位"好奇赏鉴之士"铸造了带有桂树、蟾蜍、玉兔捣药等元素
的葵花形月宫镜，并在镜背上留下了一大段慷慨激昂的文字，详述了自
己作为姜子牙后代，"气高志精"，能造出高质量铜镜的信念。其中或
许不乏夸大、张扬之词，但面对他流传至今的作品，不得不说他做得确
实很好。唐朝光辉灿烂的物质文明，不正是通过一代代匠人的努力慢慢
创造出来的吗？

神奇的"磨镜药"到底是什么

| 明 佚名画家绘《磨镜图》（局部）

我国古代流传下来的铜镜数量众多。考古学家发现，不少铜镜尽管在墓葬中埋藏了很长时间，却依然平滑光亮，几乎没有锈蚀，颇为神奇。根据这部分铜镜银白与漆黑的色泽差异，又有"水银古"与"黑漆古"之分。科学研究证实，这些铜镜之所以能呈现这么好的保存状态，与古人常用的"磨镜药"有一定关系。

古人所用的磨镜药，是用汞、锡、鹿角灰等物质按照一定比例加工而成的粉剂，因为色泽灰白，所以被称为"玄锡"。磨镜药制成后，将其用毛毡在铜镜表面擦拭，即可起到很好的保护作用。后期由于埋藏环境不同，铜镜表面的保护膜发生不同的化学变化，便有了色泽上的差异。

磨镜药之所以能保护铜镜，锡在其中扮演了重要角色。实际上，我国古代不少铜器都含锡。如果比例适当，保存环境又适宜，即便没有经过特殊处理，一些铜器也有可能形成漆黑光亮的皮壳，比如我国的青铜瑰宝四羊方尊便是如此。

用墨将器物表面的文字和图像转印到纸张上，在我国有着悠久的历史，这就是著名的传拓（chuán tà）技术。在没有照相机和复印机的古代，由此制成的拓片，是保存和传播相关资料的重要载体。

A

　　可以用来制作拓片的文物种类很多，包括甲骨、青铜器、碑刻、画像石、钱币等，当然也包括铜镜。制作精良的铜镜拓片，不仅能很好地保存铜镜上的图文信息，本身也是值得欣赏的艺术品。右边这三幅铜镜拓片，是由不同时期的铜镜拓制的，你能找出拓自唐朝铜镜的那一幅吗？

B

C

镶金兽首玛瑙杯：
醉人的珍宝缘何让人对面不相识

罕见的"鬼器"

"瑶溪碧岸生奇宝，剖质披心出文藻。良工雕饰明且鲜，得成珍器入芳筵。含华炳丽金尊侧，翠斝（jiǎ）琼觞（shāng）忽无色……"这是唐朝中期著名诗人、"大历十才子"之一的钱起写下的诗句。通过这些诗句能够得知，在唐朝的文人士大夫身边，有一种用特殊材料制作的器皿十分华美。将这种器皿放在筵席之上，其他器物全都黯然失色了。

"诗圣"杜甫有关著名画家曹霸的诗篇《韦讽录事宅观曹将军画马图》，也说明了这种器皿在当时的珍贵。曹霸是魏武帝曹操的后裔，在盛唐时期以画马著称。杜甫在诗中提到，曹霸为唐玄宗李隆基的坐骑"照夜白"画像，高超的画技让玄宗皇帝赞叹不已。于是，唐玄宗决定调拨一块盘子赐给曹霸。当然，这块盘子不是普通的盘子，而是皇宫内

府的珍藏——一块殷（yān）红色的玛瑙盘。钱起诗句里提到的那种特殊材料，正是玛瑙。用它制作的器皿之所以能让其他器物黯然失色，除了在于它神奇的天然纹理，当然也在于它引人注目的那抹殷红。

唐朝贵族所用的玛瑙器皿究竟什么样，真的像杜甫描述的那样与众不同吗？1970 年，考古学家在陕西省西安市南郊的何家村，发现了一批高等级的唐朝遗宝，震惊了世界。考古学家在检视这些宝物时，赫然发现了一件极为精美的玛瑙兽首杯。这件不由得让人屏住呼吸的"鬼器"，是国内仅见的孤品，玛瑙器缘何能在唐朝集万千宠爱于一身，由它可见一斑。

这件玛瑙兽首杯长 15.6 厘米、高 6.5 厘米，殷红中缠带橙黄与乳白，由一整块莹润的罕见玛瑙雕刻而成，无论质地还是颜色都分外夺目。它整体呈弯角形，上端较粗，为圆形杯口，下端较细，雕出了一只大眼圆瞪、双耳后展、面部肌肉起伏有力的兽头。兽头上一对碾有横向凹槽的长角向后弯曲成"S"形，看上去粗壮有力。兽头的吻部开有一个圆形流口，里面嵌着一个类似笼嘴、可以取出的金塞。金塞上錾刻着鼻子、嘴巴等元素。这个金光灿灿的塞子，不仅让整个兽头变得更加完整、栩栩如生，而且解决了兽头前端色彩偏暗的问题，可谓设计上的神来之笔。整件兽首杯在这件金塞的点缀下，显得富丽堂皇，散发着动人心魄的美。

如此精美的艺术品，真是一只在日常生活中使用的杯子吗？如果这真是一只杯子的话，为什么上端杯口的外侧又会刻出两道旋纹，让人根本无从下嘴呢？实际上，考古学家发现这件兽首杯的时候，并没有获得想要的文字信息，以至于无从得知唐人对它的确切称谓。于是，很多问题接踵而至。好在有关它的一部分秘密，已被考古学家所揭示。

宝从何来

当很多人从艺术欣赏的角度审视这只杯子时，动物学家也在观察它，不过他们不仅在欣赏，也在思考杯子上的动物究竟是什么。一般人很容易想到，那应该是牛，因为这只杯子上的动物不仅有角，还有一张静穆的牛的面孔，甚至还套着笼嘴。一些动物学家却不这么认为，因为杯子上那对"S"形的长角特征很鲜明，那是羚羊的角，所以杯子上的动物应该是羚羊，尽管它的面孔看起来确实很像牛。

有意思的是，在不考虑材质的情况下，这只玛瑙兽首杯居然成功

公元 4 世纪波斯萨珊王朝银鎏金来通

公元 4 世纪至公元 6 世纪波斯萨珊王朝银鎏金长杯上的来通图像

"撞脸"了大量出土于西亚、中亚、欧洲等地的器皿，而这些器皿的制作年代很多都远早于唐朝。这些带有羊首、牛首、鹿首、马首等兽首的器皿，多数都有两个开口，可以让液体由较大的开口注入，由较小的开口流出。它们最早是用于祭祀的圣器，后来渐渐成了贵族饮酒的杯子，多用金、银等珍贵材料制成，古希腊人称之为"来通（Rhyton）"。因此，不少研究者认为，何家村遗宝中的玛瑙兽首杯确实是杯子，只是应该叫作来通杯——一种拥有悠久历史的域外酒器。

那么，这只杯子是从哪里来的呢？

1973 年，考古学家在陕西省三原县发掘了唐李寿墓，在其木棺外的石椁（guǒ）上发现了精美的线刻侍女图，其中一位侍女的右手中便平握着一只与玛瑙兽首杯非常相似的杯子。李寿是唐高祖李渊的堂弟、唐朝前期的著名军事将领，逝世于唐太宗贞观四年（630 年）。这种类型的杯子被刻画于他的墓中，说明当时来通杯已融入唐朝贵族的生活，并且在某种程度上是身份和地位的象征。随着更多考古资料被发现，原来与玛瑙兽首杯极为相似的来通杯，至少在北朝就进入了中原人的视野，并且与西亚的波斯萨珊王朝和中亚的粟特人有着极为密切的关系。

唐朝建立之前，受商业利益驱使以及战乱的影响，不少域外人士，尤其是善于经商的粟特人，已开始以商队的形式沿丝绸之路东行，到中国从事商业贸易。唐朝时此风更盛，不少人就此移居中国，一去不返，甚至在朝廷担任要职。在他们带来的各种宝物中，就有产自西域诸国的玛瑙制品。这些"西域鬼器"做工奇巧、纹彩殊胜，常为中原地区所未见，不仅是重要的商品，也是西域诸国向中原王朝进贡的贡品。

20世纪中期，考古学家对粟特人生活的重要城址片治肯特（位于今塔吉克斯坦境内）进行了发掘，在这座毁于8世纪上半叶的城市中发现了大量壁画。在其中一幅壁画上，可以看到与玛瑙兽首杯几乎一样的来通杯。而考古学家发现的波斯萨珊王朝的来通杯，和玛瑙兽首杯同样极为相似。所以，有研究者认为，发现于何家村的玛瑙兽首杯，很可能是来自西域国家的至宝，是一只地地道道的来通杯。当然，也不排除是生活在中国的西域工匠制造了它，或中国工匠按照西域工艺仿制了它。但不管怎样，它都是在文明的交流碰撞中诞生的，用无与伦比的美装点了人们有关盛世的梦。正因如此，有关来通杯的传奇，不会戛然而止。

推陈出新

当精美的来通杯进入中国时，人们一定会对它的使用方法感到新奇。我国北朝和隋唐时期的墓葬图像，不仅透露了西域人士使用来通杯

| 片治肯特粟特城址中的壁画 | 唐 三彩兽首杯 |

的方式，也展示了他们动人的宴饮场面。图画中身着胡服的人们围坐在一起，在葡萄架下或带有亭台的花园里畅饮，身边摆满了美食和带有异域风格的器皿，并有音乐和舞蹈助兴，其中的核心人物常常手持来通杯。饮酒时，他可以将杯子举过头顶，让酒从兽首下端的孔洞流出，直接注入口中。这当然不是中国传统的饮酒方式。于是，人们对来通杯进行了饶有兴致的改造。

隋及之前的陶瓷匠人，率先创造了一种兽首杯，这种杯子在外形上与来通杯几乎一样，只是兽首下端没有孔洞，只有上端一个开口，这便与我国的杯子有了相似性。进入唐朝，陶瓷匠人又发展出不少更富创造性的兽首杯，唐朝墓葬中出土的三彩兽首杯便是其中的代表。这些兽首杯，有的底部为象首，象鼻上卷成了把手；有的底部为龙首，口吐花枝与杯身相连成了把手……由于将兽首与杯把儿结合了起来，来通杯下端的孔洞和独立的兽首不复存在，加上一些器物有了底足能够站立，西域样式的来通杯从此有了极具观赏价值的中国式样，并给后世匠人带去了新的设计灵感，以至辽、宋、明、清等时期都有类似的兽首杯出现。只是时间流逝，很多情况发生了改变。

北宋建隆三年（962年），著名学者聂崇义向宋太祖赵匡胤呈上了自己编修的图书《三礼图》，得到了这位开国之君的肯定。这本有关古物的图书，在介绍商周时期的酒具"觥（gōng）"时，配了一幅相当有趣的插图——下端为兽首的角形器。这很容易理解，因为根据古书记载，"觥"在外形上类似犀牛角，所以也叫"兕（sì）觥"。不少人接受了《三礼图》中的观点，认为"觥"就是这个样子的。不过，宋朝也有人对聂崇义的观点提出了不同看法。北宋宣和年间的另一本古物图书《博古图录》中，记录了一只下端为牛头的角形杯。作者王黼（fǔ）判断这是一只汉朝的"牺首杯"，并认为商周时期的"兕觥"应该与它比较接近。明清时期，有人干脆将这样的"牺首杯"直接当成了古代文献中的"兕觥"，并据此制作了很多艺术品。

实际上，这两本书的作者都大错特错了，因为真正商周时期的

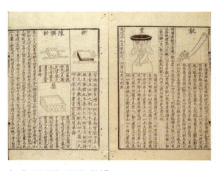

《三礼图》中的"觥"。

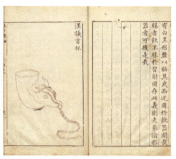

《博古图录》中的"汉牺首杯觥"

西周 兽形青铜觥

被乾隆皇帝认为是"唐兕
觥"的明朝赏玩器

"觥"，是一种兽形、带盖儿、有足的青铜酒器。而那两幅插图中的器物，基本可认定为源于西域的来通杯。也就是说，随着时间流逝、王朝更迭，宋人已不太清楚来通杯是源于西域国家的器物了。当然，也有另一种可能，那就是玛瑙兽首杯在唐朝也曾被叫作"觥"或"牺首杯"，只是人们清楚地知道它是源于西域的器物。而到了宋朝，人们就只记住了前人对它的称呼，却已模糊了它的来源。

文化在承继过程中难免出现断裂，但只要认真梳理，总会离真相越来越近。清朝中期，乾隆皇帝曾命一代名臣王杰编撰古物图录。在王杰等人完成的图书《西清续鉴甲编》中，《博古图录》中的汉朝"牺首杯"被更正为唐朝的"兕觥"。这种判断，离真相已经近了一大步。

《西清续鉴甲编》中的
"唐兕觥"

鹦鹉杯上真有鹦鹉吗

唐朝是一个充满诗的时代，也是一个充满酒的时代，以至不少脍炙人口的诗篇，带上了微醺的浪漫、酩酊的壮烈或半醉半醒的惆怅……饮酒必然会用到酒杯，而有一种酒杯似乎格外受诗人们青睐，那就是鹦鹉杯。这种杯子在魏晋时期已见诸文字，在唐宋之际的诗歌中更是屡见不鲜。鹦鹉杯到底是什么样的？为什么它会与鹦鹉扯上关系呢？

1965 年，考古学家在东晋名士王兴之的墓中，发现了一件以铜镶扣的螺壳，顿时被它如杯子一样的造型所吸引。经鉴定，这件"扣器"确实属于杯子，其所用螺壳为鹦鹉螺，应该就是文献记载中的鹦鹉杯。整件杯子如果完好如初，其色泽当红如朝霞，状如埋首身下的鹦鹉。如此富有情趣，难怪它会获得诗人们的喜爱了。

北宋诗人欧阳修曾在《鹦鹉螺》一诗中提到"一螺千金价谁量"，那么一只用螺壳制作的鹦鹉杯，自然不是谁都用得起的。所以，唐朝便有了用陶瓷制作的鹦鹉杯。材料的改变，必然带来杯子外观的改变。这些鹦鹉杯，有时只是鹦鹉和杯子的巧妙结合罢了。

| 东晋 王兴之墓出土鹦鹉螺杯

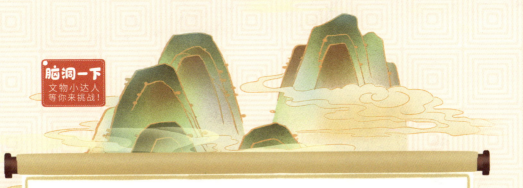

　　通过已有信息进行有效推理，是一名学者必备的能力。现在，我们不妨进行一次有趣的推理。日本正仓院藏有一张金银平文琴，据传为盛唐时期的宝物，琴上有一个胡人手持角形酒杯从上端饮酒的图案。图案中的胡人持此酒杯饮酒，被认为与当时来通的风行有关，也就是说这种角形酒杯当为来通的一种变体。我们知道，来通是从下端的流口饮酒的，这位胡人却从上端饮酒，我们能从中得出什么结论呢？有学者指出，以这种方式饮酒，说明图案的设计者并不了解来通的使用方法；或者，此类杯子的使用方式到此琴研制的时代已发生变化。那么，这张琴究竟是不是盛唐时期制作的，便值得怀疑了。你能根据线索想到这一点吗？上述信息如果发生变化，又能得出怎样的结论呢？

正仓院金银平文琴上的胡人饮酒图

日本藏一件唐朝玻璃龙首角杯的摹绘图

鉴真东渡：
九死一生，只为"山川异域，风月同天"

东渡缘起

　　这是一件藏于日本唐招提寺的书画长卷，主要由绘画和用日本假名文字书写的叙文组成。这种图像与文字相结合的书画长卷，在古代日本被称为"绘卷"。这本绘卷作于 1298 年，虽不是唐朝作品，但它仿佛一本规模宏大、色彩绚丽的连环画，全面记录了唐朝历史上著名僧人鉴真从出家到东渡日本的故事。这件作品，主要根据鉴真逝世后不久编写的《唐大和上东征传（zhuàn）》绘制，故名《东征传绘卷》。它如今是日本重要的书画文物，也是人们了解鉴真传奇人生的重要图像资料。

　　唐玄宗天宝元年（742 年）冬的一天，位于广陵郡（今江苏扬州）的大明寺内，气氛凝重，众僧悄然站立，沉默不语。到底发生了什么事？这还得从唐朝的邻邦日本说起。

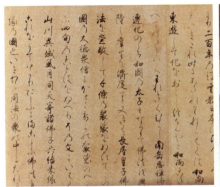

日本永仁六年（1298 年）六郎兵卫莲行绘《东征传绘卷》（局部）

当时的日本正处于一个大变革的时代，迫切需要引进先进的文化制度和生产技术，因此日本朝廷不断派出留学生、遣唐使和学问僧来唐朝学习。如今，他们遇到了一个非常棘手的问题，非得延请到唐朝的高僧才能解决。

当时的日本，僧人享有免征赋税徭役的特权，而寺院的很多制度又不完善，人们可以随时自度出家，这必然会减少朝廷的财政收入和兵源。唐朝的情况要好得多，各地寺院都有非常严格的剃度制度，一个人只有达到一定的标准，才能成为正式的僧人，而这些僧人又都以遵守戒律为入道的正门。日本朝廷由此认识到了传戒人的重要性，便想从唐朝聘请精通戒律的高僧东渡传法。733 年，日本两位学问僧荣叡（rui）和普照随遣唐使团来到唐朝，他们一边求学，一边寻找合适的人选，一待便将近 10 年。那个冬天，他们来到了广陵郡的大明寺，求助于当时的律宗大师鉴真。

鉴真生于武则天垂拱四年（688 年），俗姓淳于，扬州人。据史书记载，他 14 岁时随父亲到扬州大云寺，竟被佛像所感动，便请求父亲让他出家为僧。父亲觉得他既有此奇志，就答应了。随后，他开始跟随大云寺的智满禅师学习，4 年后受戒，20 岁时前往洛阳求法，第二年又到长安跟随弘景等高僧学习律宗教义。学有所成后，他从北方返回淮南，进行了一系列的弘法活动，不仅由此获得了崇高声誉，而且培养了不少得力助手，"郁为一方宗首"。

荣叡和普照来到大明寺时，鉴真已 55 岁。他问弟子，谁愿意响应远方的邀请，前往日本传法？大明寺的僧众全都默不作声。许久之后，鉴真的一位弟子祥彦解释道："彼国太远，性命难存，沧海淼漫，百无一至。"沧海相隔，日本确实有点儿远，贸然前往怕是有去无回。鉴真说，听说日本之前的长屋王做过一千件袈裟送给我们唐朝的僧人，袈裟的边上绣着"山川异域，风月同天，寄诸佛子，共结来缘"的话，这说明日本确实是有缘之国，那就我自己去吧。"是为法事也，何惜生命。"为了传法，身家性命又算得了什么呢？鉴真坚决的态度感动了很多弟子，他们决定跟随师父一起前往日本。

就这样，鉴真开始了他艰难的六次东渡之路。

六次东渡

请到鉴真这样的律学宗师，荣叡和普照不想等到下一次遣唐使团来的时候再启程，而是决定准备好后立刻出发。当时去日本只能靠船，船上又没有先进的导航系统，行程往往十分漫长，吃住全在船上，充分准备是非常必要的。

第二年春天（743年），鉴真即将举帆东渡，没想到却发生了意外。随行的弟子道航说，这次去日本传法，随行的怎么也得是品学兼优的僧人，像如海那样没读过几年书的，还是不去的好！如海很生气，他脑子一热，跑到官府告密，说道航等人造船入海，与海贼勾结，马上将有一大批海盗进城！官府听说后大为惊骇，立刻派人调查，弄清真相后才知道这是子虚乌有之事，但还是没收了他们的船。鉴真的第一次东渡就因为这样一次争吵而未能成功。

此后一段时间，鉴真又做了三次筹备，因为唐朝的海禁很严，再加上海上航行经常遇到大的风浪，事故频发，这三次东渡也都以失败告终。第四次东渡时，他的弟子灵祐见师父年事已高，不忍他再次涉险，便求助官府前去阻拦。官府派人直接把鉴真一行送了回来。各地信徒听说后，都来庆祝慰劳。鉴真却非常忧愁，不满灵祐自作主张，阻碍自己的行程。灵祐为求得鉴真的原谅，每夜从一更站到五更，很长时间才得到鉴真的宽恕。

天宝七载（748年），荣叡和普照再次恳请鉴真前往日本。这样，鉴真迎来了第五次东渡。这也是《东征传绘卷》中的高潮部分之一，它以类似神话的形式描绘了鉴真此次东渡所经历的苦难，以及他内心的苍凉和坚守，整个画面十分悲壮。

启程数月之后，他们离岸渐远，突然水黑如墨，波涛怒吼，似入深谷，大家都非常害怕。这时船上的粮食也不多了，普照只能给大家分配很少的生米充饥。他们咀嚼生米，没有淡水可喝，咽不下去又吐不出来，只能喝海水，旋即腹胀难耐，"一生辛苦，何剧于此"。后来好不容易来到一块陆地，大家以为到达了目的地，其实他们早已偏离了航道，漂流到了今天的海南。在海南居留期间，荣叡积劳成疾，一病不起。《东征传绘卷》中，荣叡与鉴真对坐在绿树环抱的山间，引人深思。画面的后半段，是荣叡去世后，鉴真一行人安葬他的情景，场面庄严而肃穆，催人泪下。

在海南溽热的环境中，鉴真的眼睛渐渐得了重病，诊治无效后双目失明。后来，第一个支持他、决心跟随他东渡日本的爱徒祥彦，也离开了这个世界。当初鉴真说"诸人不去，我即去耳"的时候，祥彦当即表示"大和上若去，彦亦随去"，可惜天不假年，他最终没有踏上日本的土地。可以想见，这时的鉴真，内心是多么哀恸。鉴真的第五次东渡，依然以失败告终，不过令人欣慰的是，他从海南北归，得以在很多地方立坛授戒，获益者达数万人，并且收了不少优秀的弟子。

天宝十二载（753 年），新一批日本遣唐使藤原清河等人奏请玄宗皇帝，希望派鉴真和他的弟子到日本传戒。玄宗皇帝当时崇信道教，想派道士前往。日本遣唐使不便再奏请让鉴真东渡的事，但他们向鉴真表示，完全可以乘船同行。鉴真觉得时机来了，便答应再次东渡。尽管很多人都想挽留鉴真，不希望他年近古稀再次冒险，但鉴真东渡的决心不曾稍减，终于再次踏上了行程。

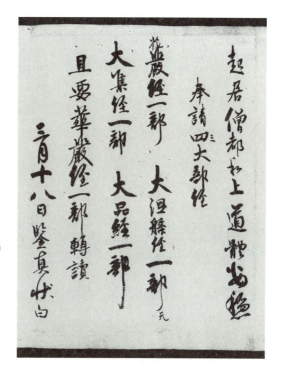

日本正仓院藏《鉴真书状》（复印件）
该书状为鉴真抵达日本后的一张借书条。其上文字书写流畅、笔力雄健，具有唐人风格。这些文字是否为鉴真所书一直存有争议，或为鉴真弟子所代写，但借书者为鉴真无疑

文化屋脊

　　诗人李白曾写过一首著名的诗歌："日本晁卿辞帝都，征帆一片绕蓬壶。明月不归沉碧海，白云愁色满苍梧。"诗中的晁卿，名叫晁衡，他还有一个日本名字叫阿倍仲麻吕，而且确确实实是一个日本人。他曾在唐朝为官，是中日文化交流史上的一个重要人物。天宝十二载，玄宗皇帝恩准他随遣唐使一起返回日本，所以他的同行者中，有一位就是鉴真。只是他们命运殊途，阿倍仲麻吕乘坐的船途中遭遇风暴，漂流到了安南（今越南），让李白误以为他已经不在人世，于是写了前面那首诗

以悼念。谁知阿倍仲麻吕大难不死，后来又回到了长安，并终老于此。

所幸鉴真搭乘的船平安无事，他于次年（754 年）二月抵达日本当时的首都平城京（今日本奈良），住在著名的寺院东大寺，受到了僧俗各界的热烈欢迎。从鉴真最初决定东渡算起，这时已过去了 12 年。12年间世事无常、生生死死，最初那一批人只剩下了鉴真、普照和鉴真的弟子思托三人。思托后来将鉴真东渡的过程记录了下来，可惜这本书失传了。好在思托曾请日本文学家淡海三船记录鉴真的事迹，淡海三船所写《唐大和上东征传》于 779 年完成。幸运的是，这本著作流传了下来，让人们得以更详细地了解鉴真精进、悲苦与坚守的一生。

作为一代律学宗师，鉴真在日本期间肩负起了规范日本僧众的责任。人们无不为鉴真的学识和风范所折服，日本僧众的律仪由此变得严整，并且师徒相传，从而对日本文化产生了深远影响，鉴真也由此成为日本佛教律宗的开山祖师。

759 年，鉴真被准许在一座日本亲王旧宅的基础上修建一座唐朝风格的寺院。鉴真和弟子及追随者在建筑与雕塑方面有很深的造诣，他们主持建造的寺院庄严而坚固，即便历经千年风雨和几度地震，寺中的很多建筑都安然无恙，充分展现了唐朝建筑力学的高超水平。这座寺院就是在世界建筑史上赫赫有名的唐招提寺。

除了在佛学、建筑及雕塑方面的贡献，鉴真还在日本医学史上留下了光辉的一页。他当时提供了不少药方，并教人们如何辨别和配制药物，打下了日本本草学的基础，所以他被日本奉为"医术之祖"。从很多方面看，鉴真都是他所生活的日本"天平时代"当之无愧的文化屋脊，并毫无保留地将自己熟知的唐朝文明成果介绍到了日本。鉴真晚年回国无望，他开始远离尘嚣，静心修养。763年的一天，他面向唐朝的方向，离开了这个世界。

《东征传绘卷》中的一幕，描绘了鉴真圆寂的动人场景。寂静安宁的唐招提寺内，松柏挺立，诸弟子表情沉痛。鉴真盘腿而坐，在弟子们的陪伴下走完了生命中的最后一程。唐招提寺内，如今安置着他的坐像，那是他逝世时，弟子们根据他的形象用干漆夹苎（zhù）法塑造的，将他生前的姿态和神情，永远留驻在了世人面前。

"山川异域，风月同天"，这对鉴真而言不仅是一句鼓励的话，更是坚定的信仰。

鉴真干漆夹苎坐像

唐招提寺藏金龟舍利塔
此塔制作于12—13世纪，设计精巧、工艺精湛，为日本舍利塔的优秀代表，主要用来供奉鉴真带到日本的舍利

深慕中国之风的阿倍仲麻吕

日本曾派出很多留学生来到唐朝，其中广为人知的莫过于阿倍仲麻吕。阿倍仲麻吕出身于日本一个贵族家庭，他自幼勤奋好学，对中国文化充满向往。开元四年（716 年），他被举为遣唐留学生，第二年随遣唐使团来到中国。和他一同前来的，还有另一位著名遣唐留学生吉备真备。

阿倍仲麻吕受到玄宗皇帝接见后，被安排在国子监和唐朝的贵族子弟一起学习。他一直成绩优异，后来参加科举还高中进士，这是很多唐朝学子都梦寐以求的。此后，阿倍仲麻吕开始在唐朝为官，备受厚遇。

阿倍仲麻吕不仅学识渊博，而且情感丰富，是一位颇有才华的诗人，和李白、王维、储光羲等都有密切交往。天宝十二载（753 年）决意归国时，已留驻唐朝 30 余年的阿倍仲麻吕曾作《衔命还国作》一诗，对友人表达了深深的留恋。王维也特意写下了《送秘书晁监还日本国》一诗。当然，他的这次行程并不顺利。直到唐代宗大历五年（770 年）去世，他也再未返归故乡。

鉴真与阿倍仲麻吕同为中日文化交流做出了贡献，值得人们深深怀念。

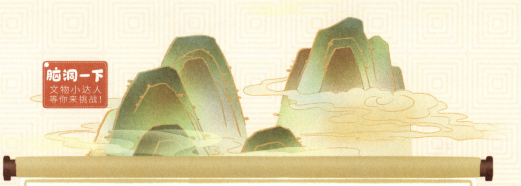

　　佛像是艺术世界一个独特的门类,其设计往往要遵循一定的仪轨,佛像的姿态便是其中之一。佛像常见的姿态包括站姿、卧姿、坐姿等,其中坐姿是变化较多、极具代表性的姿态。佛像的坐姿根据腿与手臂放置方式的不同,可分为全跏趺(jiāfū)坐、半跏趺坐、轮王坐等多种。所谓全跏趺坐,是两腿交叉、两脚脚背置于两股之上、两脚足心皆向上的坐态。而半跏趺坐,是两腿交叉、一脚足心向上、一脚藏于股下的坐姿。至于轮王坐,是一腿曲起、同侧手臂置于曲起的腿上,另一腿呈半跏状或垂于座前、同侧手臂自然撑起的一种较为放松的坐姿,又称自在坐。结合上述信息,你能将下面三尊佛像与相应的坐姿对应起来吗?

A　　　　　　B　　　　　　C

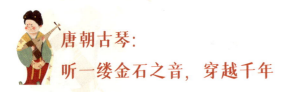

唐朝古琴:
听一缕金石之音，穿越千年

传奇古琴"春雷"

明清时期，形容一个人才华出众，人们往往会赞其"琴棋书画样样精通"。"琴"被排在第一位，可见弹得一手好琴，在人们眼中是多么重要。在唐朝，情况同样如此。李白、王维、白居易等旷古奇才，无不是懂琴的高手。当然，这里说的琴，不是指别的乐器，而是被誉为"圣人治世之音，君子养休之物"的七弦琴，也就是我们常说的古琴。

金声玉振，高山流水，因为文人士大夫对琴的推重，一把名琴常常被视作万金不易之宝。而说起古琴中的至宝，一张诞生于唐朝、名为"春雷"的传世绝品，不可不提。

靖康二年（1127 年），金军攻破北宋都城汴梁（今河南开封），俘虏了宋徽宗赵佶和他的儿子宋钦宗赵桓，北宋由此灭亡。随后，金军对宋徽宗宣和内府进行了肆意搜刮，宋朝皇室积攒的奇珍异宝被悉数解往北方，除一部分犒劳将士外，其余全部纳入了金朝府库。作为这次事变的"罪魁祸首"，宋徽宗的治国能力一直被人诟病，但人们又不得不承认，这位皇帝在琴棋书画方面的修养和作为，足以让他名垂青史。

尚奇好古而又妙知音律的宋徽宗，曾不遗余力地搜求南北名琴，在宫中设立了百琴堂。唐朝制琴名家的作品，如沈镣的"寥玉"、郭亮的"冰清"、张钺的"冠古""韵磬"等，都被他纳入了宫中。而在所有这些名琴中，最值得称道的，是唐朝制琴第一人雷威所制的"春雷"琴，堪称百琴堂里的镇殿之宝。

可以想象，夜深人静之时，焚香祷祝之后，技艺精湛的宋徽宗手挥七弦，春雷振发，那种温劲而雄的金石之声，是多么令人沉醉。可惜这样的场景在宋徽宗被俘之后再也不会发生了。随着北宋的灭亡，"春雷"琴被纳入金朝府库，后来成了金

北宋《听琴图》
此图传为宋徽宗赵佶所绘，但也有不少人认为它出自宣和画院的画师之手。图中身着道服的抚琴者被认为正是宋徽宗本人

章宗完颜璟（jǐng）的掌中之宝。

完颜璟是金朝的第六位皇帝，他对文艺情有独钟，更是宋徽宗的狂热追随者。宋徽宗珍爱的"春雷"琴，自然也让金章宗爱不释手，成了他府中的第一名琴。金章宗去世后，"春雷"琴成为陪葬品，直接被埋入了地下。可据相关文献记载，18年后，这张古琴竟又奇迹般地重现人间，而且"毫发未损"，再次成为诸琴之冠。

金章宗去世之后没几年，蒙古大军攻破金朝都城，"春雷"琴因为被埋地下，反倒躲过了这场战乱。等其复出人间，已是元太祖成吉思汗末年。"春雷"琴很快迎来了一位新主人，他就是成吉思汗手下的名臣耶律楚材。耶律楚材辅佐成吉思汗父子数十年，为蒙古的壮大和元朝的建立立下了汗马功劳。他不仅是一位杰出的政治家，也是一位多才多艺的文人雅士。他曾拜多位琴家为师，堪称"琴痴"。他的一位老师万松行秀曾向他索琴，耶律楚材竟将堪为至宝的"春雷"琴和一卷珍贵的乐谱直接相送。从这件事不难看出耶律楚材堪为人杰之处。

后来，"春雷"琴又从万松行秀那里回到了耶律楚材之子耶律铸手中。忽必烈至元二十年（1283年），耶律铸被罢官，一半家产充公，"春雷"琴应当就在其中。之后，这张古琴被赏赐给了元朝集贤院大学士傅初庵，之后又被一个名叫赵德润的人收藏。

斫（zhuó）于大唐的"春雷"古琴，在宋、金、元两百多年间流传有序，见证了各个朝代的兴衰存亡。当时拥有它的达官显贵，都已化为了云烟，只有它的传奇始终没有停止。

传为周昉所绘《调琴啜茗图》

该图以工笔重彩描绘了三位唐朝贵族女性在两个女仆的伺候下，于庭院中抚琴、品茗、闲坐的场景。画中的琴，对我们了解古琴的样式和使用情况无疑有一定帮助

唐朝制琴世家

"蜀僧抱绿绮，西下峨眉峰。为我一挥手，如听万壑松。"唐琴制作之精、琴音之妙，一直以来备受赞誉，这自然会引起人们竞相收藏。宋朝大才子苏轼向来以诗文著称，实际上他和父亲苏洵、弟弟苏辙还都精通音律，家中藏有珍贵的唐朝古琴。

有一次，苏轼对一张家藏的制作于唐玄宗开元十年（722年）的古琴产生了浓厚兴趣。这把古琴余韵悠长、经久不散，极为精妙，与其他古琴判然有别。这张古琴之所以与众不同，是因为它出自西蜀雷氏家族之手，属于"雷琴"。唐朝制琴名家辈出，但首推雷氏一门。就此而言，以"春雷"琴为代表的"雷琴"，正是能够承载唐朝记忆、展现盛唐气象的宝物。

雷氏家族前后一百多年，皆以斫琴为业，跨越了盛唐、中唐和晚唐三个时期。他们之中，雷霄、雷俨、雷珏等九人的名字经常见于史籍，被称为蜀中"九雷"。安史之乱爆发时，唐玄宗李隆基被迫到蜀中避难，"九雷"中的雷俨曾被唐玄宗召入宫中，凭琴艺侍奉内廷。不过，"九雷"之中最著名的，要算"春雷"琴的斫制者、被尊为"雷公"的雷威。据文献记载，雷威的制琴能力，已经到了神乎其神的地步。

雷家制琴，传到雷威已形成了一套成熟的家法。雷威除了继承家法外，尤其善于发现和使用优良的琴材，这自古以来就是传奇琴师的惊人之处。蔡邕是东汉时期的名士，有一次他看到有人在用桐木烧火做饭。通过木柴噼啪爆裂的声音，他便知道那是一块制琴的好材料，于是立刻将它从火中抢了出来。后来用它制成的琴，琴音果然十分优美。这张琴就是历史上赫赫有名的焦尾琴。

为了制作一张好琴，雷威经常不避艰险，冒着大风雪深入峨眉山。他先会尽情畅饮一番，然后于醉意蒙眬中，穿着蓑笠站在深松之间，静静地聆听，选择狂风撼动之下音质优异的树木，伐而为琴。前人制琴，常选择桐木，因为桐木除了音质优美，还被赋予了很多美好的寓意，但雷氏并不拘泥于此，从而使雷琴有了新的面貌。由此便可理解，为什么雷威的传世绝品"春雷"琴传至后世时，会引起那么大的反响了。

雷琴的秘密

"唐琴第一推雷公，蜀中九雷独称雄。"雷琴或者雷公琴，与别的唐琴相比，究竟高明在什么地方呢？这个问题也曾经是苏轼百思不得其解的问题。被家藏的雷琴吸引之后，在好奇心的驱使下，苏轼干脆剖开了那张雷琴，终于了解了雷琴制作的秘密。苏轼的发现，为后人考证何为雷琴或者雷公琴，提供了重要资料。

北京故宫博物院藏有一张名为"九霄环佩"的古琴。这张古琴在南宋已为知名人士所珍藏，此后数百年间一直被很多学者和古琴家所推重，可以说是一张享有盛誉的传世名琴。这张琴之所以被大家如此重视，不仅因为它是一张稀世的唐朝古琴，发音完善而有气魄，而且在所有传世唐琴中，它的年代更早，造型又非常厚重、质朴，设计也非常独特，极有可能是盛唐时期蜀中雷氏所制。

古人制琴大都使用桐木，或者以桐木制琴面、以梓木制琴底。"九霄环佩"琴虽以桐木作面，却以杉木作

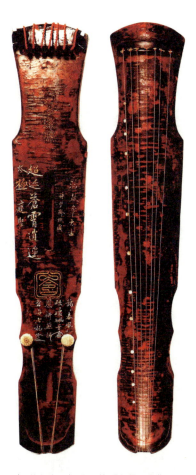

堪为唐琴标准器的"九霄环佩"琴

底。这种做法本身就很奇特，但恰恰说明了"九霄环佩"琴可能为一张雷琴。可雷氏中的雷威做琴不是使用了峨眉松吗，"九霄环佩"琴中怎么会出现杉木呢？有研究者指出，松木纹理粗松、富含油脂，并不适合做琴。但峨眉山上还有一种云杉，纹理细直，经久不受虫蛀，正适合做琴。云杉与松树外形相似，被古人当成峨眉松，实有可能。

"九霄环佩"琴的另一个神奇之处，是它的发音构造与苏轼当年所揭示的基本一致。这进一步说明了"九霄环佩"琴为雷琴的可能。苏轼后来不无遗憾地谈到，随着雷氏家族有志于利，他们的后人逐渐放弃了先辈做琴的优良传统，独特的"雷氏家法"就此失传了，所以他们做的琴，以早期的为好。这虽然令人遗憾，倒也为今人确定"九霄环佩"为早期雷琴提供了一定的依据。

一张唐琴传到今天，总要穿越千年时光，即使斫制者曾在它们身上写下了年代和姓名，这些字迹也往往因为年代久远而漫散湮灭了。所以，想要确定一张古琴是不是"雷琴"，以及在何时为谁所制，是十分困难的。但"九霄环佩"这样的古琴，还是为人们想要做到这一点提供了很有价值的线索。

我国著名画家张大千逝世之后，其后人曾向我国台北故宫博物院捐献了一批他珍藏的古物。人们发现，一张名为"春雷"的古琴赫然在列。它是宋徽宗百琴堂中堪称镇殿之宝的传世绝品吗？实际上，除了张大千收藏的这张"春雷"琴，还有另一张"春雷"琴在收藏家手中流转，并且曾是北京琴坛的名器。通过对比，北京琴坛上的那张"春雷"

在北京琴坛流转、被认为身世不凡的"春雷"琴

琴与"九霄环佩"琴有不少相似之处，包括木料的使用方法和独特的发音构造。而且，据学者们考证，这张古琴曾被清宫内府收藏，说明这张古琴绝非凡品。经过修缮，这张"春雷"琴又发出了如击打金石般的雄远之声。当年让宋徽宗心醉神迷的大唐琴音，是不是正如今天一样？

历经数千年的传承，古琴早已是中华民族极富内涵的文化符号，使得文人雅士皆以抚琴为陶冶性灵的重要方式。盛唐时期，鼓琴的名家层出不穷，以雷威为代表的制琴名手应运而生。他们的制作，不仅为唐朝皇室所重，更为宋朝的名士竞相追逐。之后，日益稀少的唐朝古琴，终于成功跻身顶级宝物之列。今天，想要一览唐朝的绝代风华，不妨就从一张唐朝的古琴启航，通过那一缕金石之音，穿越千年。

身世迷离的金银平文琴

日本正仓院藏有一张装饰华美、闻名世界的古琴，日本古代文献称之为"金银平文琴"。所谓"金银平文"，其实就是我国用于装饰漆面的金银平脱技术。这种技术简单来说就是通过磨去或剥去漆层的方式，使事先剪镂出纹饰、贴于漆层中的金银箔片，重新显露出来。这种装饰方法在盛唐十分流行，加上正仓院中的文物不少为唐朝的舶来品，琴上的图案和文字又与中国有关，所以有人认为这张金银平文琴或为盛唐遗物，极为罕见。

我国历史上虽然也有装饰华丽的宝装琴，但有研究者通过对比发现，这张金银平文琴的形制、髹（xiū）漆工艺、铭文等，皆与我国流传至今的唐琴有不小差异，所以它也可能是古代的日本工匠按照唐朝的工艺仿制的，而这样的仿制文物在正仓院中还有很多。

安史之乱后，经济凋敝，唐肃宗和唐代宗崇尚节俭，下令禁止金银平脱漆器等奢侈品的制作，富丽堂皇的宝装琴渐趋消亡，所以流传至今的唐琴基本都是没有漆饰的"素琴"。就此而言，正仓院的金银平文琴即便不是真正的唐琴，也极为珍贵，可以让今人一睹唐朝宝装琴的风采。

日本正仓院所藏金银平文琴

古琴看似简单，实有精巧的结构。这种结构不仅出于实用目的，更巧妙融入了古人关于宇宙、人生的看法，正如宋朝《琴史》所言："圣人之制器也，必有象。观其象，则意存乎中矣。"比如古琴琴面隆起、琴底方平的设计，便体现了我国古代"天圆地方"的宇宙观。古琴的最高处名"岳山"，琴音发动，高山流水，七根琴弦仿如江河，使水流经漫长的流动（经"十三徽"），由"龙龈（yín）"汇入琴底的"池""沼"，这一过程以山川地理之形，寓阴阳变化、生生不息之意，分外引人思考。下面两幅图简单展示了古琴的结构和名称，略去了"冠角（焦尾）"未注，你知道它指古琴的哪个部位吗？

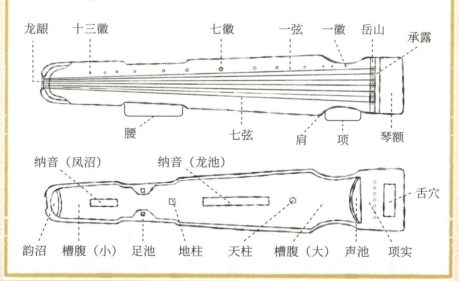

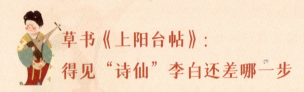

草书《上阳台帖》：
得见"诗仙"李白还差哪一步

大鹏偶遇稀有鸟

"脚著谢公屐（jī），身登青云梯。半壁见海日，空中闻天鸡。千岩万转路不定，迷花倚石忽已暝。熊咆龙吟殷（yǐn）岩泉，栗深林兮惊层巅……"

这是李白《梦游天姥（mǔ）吟留别》中的一段文字。哪怕调用如此繁复的意象，这些诗句的流动性和音乐性依然令人震惊。它们仿佛从诗人的头脑中自动奔涌而出，声势如此浩大却又如此流畅自然。

"白也诗无敌，飘然思不群"，无论世人对李白怎样推崇、怎样效仿，他的飘逸终归无迹可寻，以致再难重现。天下皆知的诗人李白，难不成真是被贬人间的仙人？殊不知，李白的伟大，正在于他是一个真实的人。实际上，我们或许还有机会去认识一个"触手可及"的李白，因为他的墨迹可能人间尚存。

李白流传后世的墨迹至北宋已不多见，今天尚能见到的更是少之又少，其中较为可靠的首推草书《上阳台帖》。这件珍贵的纸本作品只有 25 个字，被不少专家学者认为是李白唯一的传世真迹。其上所书文字为："山高水长，物象千万，非有老笔，清壮可（何）穷！十八日，上阳台书，太白。"关于这件书法作品的诞生，不少人认为当与李

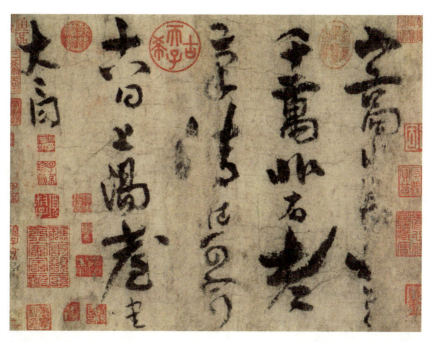

| 落款"太白"的草书《上阳台帖》

白的一位故友有关。

开元十三年（725 年），身怀雄心壮志、刚刚仗剑离家的李白，在江陵（今属湖北荆州）拜会了名震天下的帝师司马承祯。这位深得唐朝皇帝信任的道教宗师见到李白后，赞他有仙风道骨，"可与神游八极之表"。年轻的李白听后十分高兴，很快写下了长篇雄文《大鹏遇希有鸟赋》，把自己比作大鹏，把司马承祯比作稀有鸟，希望以此"自广"，让更多人认识自己。中年时，李白还曾回忆过这段往事，并对这篇他觉得不够成熟的作品进行了修改。

司马承祯之所以深得唐朝皇帝信任，被多次征召入宫，一方面在于李唐皇室奉老子（姓李，名耳）为祖先，道教备受尊崇；另一方面则在于道教求长生的言论对李唐皇室极具吸引力。唐玄宗李隆基时期，道教的发展空前繁盛，求仙问道竟成一时风尚。李白"五岳寻仙不辞远，一生好入名山游"，更是深受道家文化影响。

开元十二年（724 年），唐玄宗批准司马承祯在王屋山自选形胜，建阳台观作为居所。身为一代宗师，司马承祯不仅熟悉道教典籍，还是一位多才多艺的艺术家，此后十年，他对阳台观进行了持续修建，其中一些大型壁画的创作必然少不了他的参与。在写给唐玄宗的奏报里，司马承祯曾专门提及大殿内壁画的尺寸。日理万机的唐玄宗接报后回复，可以画诸仙之像，可见他对司马承祯的厚爱。开元二十三年（735 年）六月十八日，司马承祯去世，其一生交游广泛，对当时的政治和文化都产生了深远影响。

《上阳台帖》中的"上"有登临之意，又有拜谒（yè）、觐见之意，加上落款日期为"十八日"，与司马承祯的忌日似有联系，所以不少人认为这件书法作品是李白在司马承祯去世之后登临阳台观，看到这里的景观和壁画，怀念故人而作。不过，就像历史上很多名人书画真假难辨一样，《上阳台帖》也有一些争议。

那么，它到底是不是李白的真迹呢？

名帖哪里有问题

邵博是北宋著名学者，他在自己的著作中记载过这样一件事。当时有个长于草书、功力深厚的人，名叫葛叔忱。此人性格狂放，慨叹李白没什么墨迹流传，干脆自己伪造起来。他在僧舍里写完，署名时会题上"李太白书"，还和寺里的僧人约定，拿出去时不要告诉别人，以便让人们相信这些作品确为李白所书。在北宋著名书法家黄庭坚的著作中也有类似记载，而且补充说这些伪作就连葛叔忱的岳父都辨认不出。

署名题作"李太白书"，还公然拿去冒充李白真迹，葛叔忱的狂放由此可见一斑。李白字"太白"确实不假，但古人的字是用于别人称呼自己的，绝少自称。李白在《与韩荆州书》和《上安州裴长史书》中，皆自称"白"。所以，葛叔忱作伪的破绽其实很明显。他故意这么做，是为了突显李白的特立独行，还是想要戏弄世人，我们就不得而知了。不过，令人意外的是，《上阳台帖》的作者署名竟然也是"太白"，不免令人起疑。

《上阳台帖》上的"瘦金体"题跋

打开字迹漫漶的《上阳台帖》，上面除了能看到乾隆皇帝的题字和印章，还有宋元明清很多著名人物的题字和印章，比如南宋的贾似道、元朝的张晏、明朝的项元汴、清朝的安岐等，其中最重要的当数宋徽宗赵佶。他不仅用标志性的"瘦金体"书法题写了帖名"唐李白上阳台"，还在帖后题写了一段描述性的跋文："太白尝作行书'乘兴踏月，西入酒家，不觉人物两忘，身在世外'一帖，字画飘逸，豪气雄健，乃知白不特以诗鸣也。"艺术修养极高的宋徽宗收藏过不少李白墨迹，而且与李白仅相隔三百余年，他的判断当然很有参考价值，这也是《上阳台帖》向来被认为是李白真迹且流传有序的重要原因。不过，今人站在现代鉴定学的角度对《上阳台帖》提出了新的问题。

人们对书画的鉴定，多是通过真假对比完成的，在没有真迹可资对比的情况下，其实还可以从其他富于时代特征的事物着手，比如不同朝代所用纸张的不

日本正仓院所藏硬芯笔笔头特写

同、坐卧制度对书写的影响等。而通过研究唐朝的毛笔，有部分学者认为，《上阳台帖》的字迹或与唐人的书写特征不符。

唐人所用的毛笔多是以"缠纸法"制作笔头的硬芯笔。用这种方法制作的笔头，笔锋短而内藏硬纸芯，在外形上很像鸡爪后面突出的"距"，所以这种笔又叫鸡距笔。这种笔从魏晋时期便开始使用，直到唐朝晚期才逐渐被类似现代毛笔的散卓笔所取代。用这种笔写草书，被硬芯所阻，书写者只能在有限范围内挥洒，字形偏小，笔道儿不会太粗，风格遒劲犀利，甚至带有硬芯的划痕。而部分学者认为，《上阳台帖》的字迹圆润肥厚，带有后世

日本正仓院藏硬芯笔

散卓笔的特征。

虽然这使它的身世不确定起来，不过主流观点依然认为《上阳台帖》为李白的传世真迹。通过这样一件作品，人们得以跨过时间的长河，感受一个更真实的李白。这位"唐家公子"少怀壮志，才华横溢，一直渴望走出一条不通过科举而步入仕途的道路。遇到司马承祯时，他的传奇人生才刚刚开始，他还有很长的路要走。这条路对他而言绝非一帆风顺。

一个特立独行的闯入者

天宝元年（742年），由于太子宾客贺知章和玄宗皇帝的妹妹玉真公主等人举荐，李白在经历了十余载求官无门的情况下，终于得到玄宗皇帝的认可，供职翰林院，主要工作是等候皇帝传唤，就宴饮、娱乐等活动赋诗记事。但李白狂放的个性，使他很难和周围的权贵和谐相处。

天宝三载（744年），李白被赐金放还，重新开始了他的漫游生活。就在这一年，他和杜甫在洛阳相遇了。这两位唐朝重要的诗人，决定接下来结伴同行，漫游梁、宋（今河南开封、商丘一带）。在此期间，他们遇到了另一位唐朝著名诗人高适。这三位大诗人尽管性情有别，却相谈甚欢，成就了一段被后世津津乐道的佳话。

李白自仗剑离家，始终求官无门，其中原因除了他的出身外，不能不提的一点是他独特的个性。关于这一点，从他的《嘲王历阳不肯饮酒》一诗中可以得见一二。题中的"历阳"是唐朝的一个郡县（位于今安徽和县），"王历阳"指的是在历阳担任过县丞的王姓官员。面对这位官员，李白写诗道："地白风色寒，雪花大如手。笑杀陶渊明，不饮杯中酒。浪抚一张琴，虚栽五株柳。空负头上巾，吾于尔何有？"诗中，李白嘲讽王历阳虽然表面上以陶渊明（五柳先生）为榜样，喝酒却着实不痛快，哪里能跟那位急不可耐地用头巾滤酒喝的东晋名士相提并论呢？面对如此犀利的嘲讽，不知道王历阳会作何感想。

有意思的是，一件署名为"李白"的《嘲王历阳不肯饮酒帖》竟然流传了下来。不少学者认为，这可能是《上阳台帖》之外，我们得见李白真迹的另一次机会。

《嘲王历阳不肯饮酒帖》长 67 厘米、宽 26.4 厘米，字形拙朴，笔力遒劲，每个字皆如侠客仗剑挥舞，书风十分独特，与唐人评李白书法

落款"李白"的《嘲王历阳不肯饮酒帖》

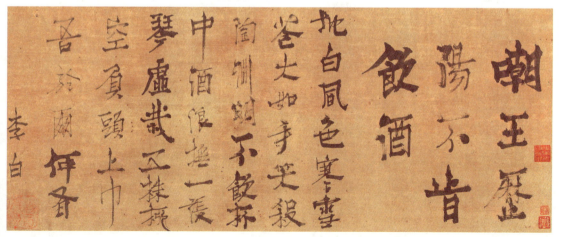

李世民手书《晋祠铭》碑额

"笔迹遒利，凤跱龙拿"正相符合。从书写特点看，这件诗帖的书写工具当是唐人常用的硬芯笔，所以它与唐太宗李世民所书《晋祠铭》碑额上的字有不少相似之处。另外，这件诗帖所用纸张是一种唐宋时期出产于蜀地的麻纸，与不少唐朝写经用纸十分相似。而科学检测证实，该帖所用纸张的制造年代约为公元 700 年（±30 年），正是李白生活的时代。

尽管有不少证据指向这件作品为李白所书，但它的作者究竟是不是李白依然令人怀疑。不少学者指出，该帖可确定为唐人妙墨，至于是否为李白所书，不能否定，却也无法肯定。时间给后世留下了太多谜题，这自然也是其中一个。

通过《嘲王历阳不肯饮酒》一诗能够感受到，李白更像是主流文化圈的一个闯入者。他无法与循规蹈矩的士子们融洽相处，而这难免影响他对政治局势的判断。安史之乱爆发后，一度结伴而行的李白、杜

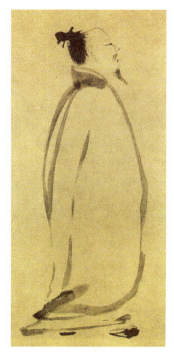

（传）南宋 梁楷《李白行吟图》

甫、高适，被战争的巨浪抛向了不同的政治集团。避居庐山的李白，禁不住永王李璘的盛情邀请，做了他的幕僚，最终因李璘谋逆，他也被捕入狱。而在前来讨伐李璘的朝廷大军里，就有已经身居高位的高适。

人们当然期待高适能对李白伸出援手，可生死攸关，高适也只能选择视而不见。好在有别的朋友出手相助，李白才免于被杀而流放夜郎。对李白的遭遇，杜甫不无感慨地写道："不见李生久，佯狂真可哀。世人皆欲杀，吾意独怜才。敏捷诗千首，飘零酒一杯。匡山读书处，头白好归来。"

乾元二年（759 年），关中大旱，朝廷宣布大赦，李白经过辗转流离重获自由。但此时，生命留给他的时间已经不多了。唐代宗宝应元年（762 年），李白因病而卒，终年 62 岁。但人们更愿意相信他是因酒醉亡，或因月溺亡的，因为他是一位诗人。

李白为什么不参加科举

谈到李白为什么不参加科举，恐怕不能以他自视甚高、不屑于参加而简单概括，还得从他的家世说起。根据相关记载，李白的先辈在隋末去了西域的碎叶城。所以，一直有这样一种说法，李白的出生地不是蜀地，而是西域的碎叶城，而且李白甚至有西域血统。

李白的父亲名叫李客，但这可能不是他的本名，只因他在神龙元年（705年）从西域偷偷潜回蜀地，像一个侨居的外来者，遂被称为"客"。李客潜归后高卧云林、不求仕途，非常低调。这些迹象表明，李白家人身上或许负有刑案。这可能是李白必须通过非正常途径进入仕途的一个原因，因为在唐朝，家族里有人犯罪是没有办法参加科举的。

另外，李白有过两次正式婚姻，娶的都是"故相"的孙女。在婚娶讲究门当户对的古代，这说明李白家的经济条件较好。所以，也有学者认为，李客可能是从事商业贸易的。这也决定了李白不能通过科举步入仕途，因为古代还有"工商之家"不得参加科举的规定。

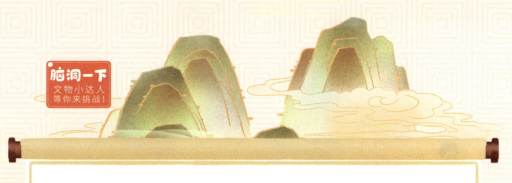

影响一个人、一个时代书法面貌的因素,除了书写工具(硬芯笔、散卓笔),执笔方式也是一个很重要的方面。现代人手执毛笔的方式多是五指执笔法,在古代其实还有很多种执笔方式,比如握管法、二指或三指单钩法、三指双钩法、回腕式执笔法等。这些执笔方式对今人依然有重要的参考价值。下面这些图案展示了不同的执笔方式,你能将它们与具体名称联系起来吗?

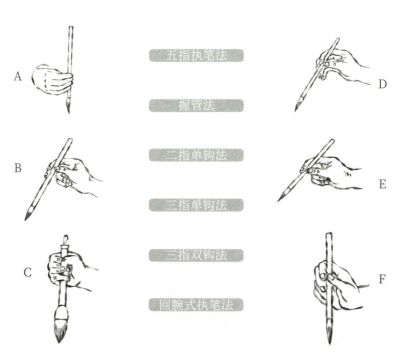

五指执笔法

握管法

二指单钩法

三指单钩法

三指双钩法

回腕式执笔法

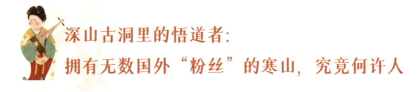

深山古洞里的悟道者：
拥有无数国外"粉丝"的寒山，究竟何许人

寒山为何人

唐朝中期，天台山名刹国清寺，人们常能看到一个身裹破衣烂衫、头戴桦巾的人四处游走。他面容枯槁，自说自笑，很是古怪。有时僧人们不耐烦，持杖相逐，他便呵呵笑着离去，回到附近一处名为寒岩的深山之中。他的真名叫什么，没人知道，人们只知道他称自己为寒山。

尽管穷困潦倒，寒山却非常喜欢写诗，每得一篇一句便题于树间石上或村野庭壁。在其中一首诗里，他谈到了自己在国清寺的际遇："忆得二十年，徐步国清归。国清寺中人，尽道寒山痴……我尚自不识，是伊争得知……有人来骂我，分明了了知。虽然不应对，却是得便宜。"对于自我本性，我自己尚不得而知，别人又怎能界定？虽然从未出家为僧，被时人视为"风狂之士"，但是不少人还是透过他的外表，看到了他悟道者的灵魂。于是，在不少著名人物的诗文和绘画里，寒山有了另一种面貌。

因陀罗是元朝末期一位颇为神秘的画家，以一系列风格鲜明的水墨禅机图为艺术史家所称道。他的这些作品中便有几幅是以寒山为主题创作的。其中一幅，画的是寒山与拾得两个蓬头垢面的修行者，席地坐于苍松乱石之间兀自对谈。他们一人拊掌谛听，一人伸指向前，皆笑逐颜开，十分自在。整幅作品虽只有寥寥数笔，却极为生动，使寒山、拾得苦中作乐的精神风貌跃然纸上。这主要得益于画家运用了不少很有特点的笔法来创作这幅作品，比如以不着线条的吹墨法画头发，使之有蓬乱、诙谐之趣；以浓墨宽笔画襟带，使衣袍有轻盈、飘逸之感；以淡墨

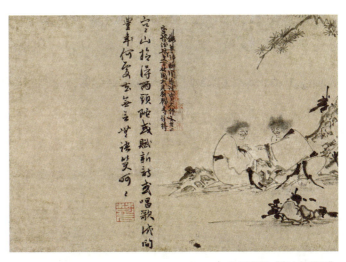

元 因陀罗《寒山拾得图》

画树石，将整个场景置于悠远、静穆的时空。这种"减笔"画法与宋朝著名画家梁楷、牧溪、李确等人的创作一脉相承，而他们都曾就与寒山有关的人和事，创作过精彩的水墨禅机图。寒山作为禅宗"散圣"的形象由此得以彰显。获得同样际遇的，还有他的朋友们。

在因陀罗那幅作品上，有元朝著名高僧楚石梵琦的题字："寒山拾得两头陀，或赋新诗或唱歌。试问丰干何处去，无言无语笑呵呵。"其中提到的拾得、丰干，便是唐朝文献记载中寒山在国清寺的至交好友。但当研究者希望通过这些文献了解更多他们的生平时，不能不感到遗憾，因为其中夹杂了太多民间传说的成分，可谓虚实难辨。所以，这些资料与其说是历史文献，不如说更像传奇小说。有关的记载，可以从一个名叫闾丘胤的人说起。

闾丘胤即将赴任台州，忽然身染重病，幸得一位名叫丰干的禅师医治才逐渐好转。因为丰干禅师来自台州的国清寺，闾丘胤便趁机向他请教那里有何贤者。丰干禅师说，寒山、拾得二人，虽然一个偶在寺中止宿，一个在后厨做杂役，皆穷困潦倒之辈，但只要你能勘破表象，便可知他们都是极有修为之人。闾丘胤到任后不久，前往国清寺探访丰干禅师的住处，并询问寒山、拾得二人的情况。僧人介绍说，自从丰干禅师离开之后，他的院落便一直空着，唯有一只老虎偶尔在此吼叫。闾丘胤进院之后，在地上发现不少老虎的足迹。至于寒山、拾得二人，当时正在后厨。闾丘胤见到他们立刻便拜，两人制止后，哈哈大笑着携手出寺，向深山走去，并对闾丘胤之后的各种好心安排完全置之不理。

正是这段真假杂陈的记述，催生了诸如国清寺"三隐""四睡（加虎）"等有关寒山的传说，使人们对他的印象离他的本来面貌越来越远。1733年，雍正皇帝甚至下诏封寒山为"妙觉普度和圣寒山大士"，封拾得为"圆觉慈度合圣拾得大士"，两人并称"和合二圣"或"和合二仙"。这固然是无上的荣耀，却未必能让人明白，寒山何以在世界很多国家都备受瞩目，成为不少人的精神偶像。好在除了别人的界定，前人还收集了寒山三百多首诗歌，而这些诗歌呈现了另一个寒山——一个有悲苦也有欣悦的寒山，一个由平凡而不凡的寒山。

走向深山

"寻思少年日，游猎向平陵……联翩骑白马，喝兔放苍鹰……"尽管出生年代十分模糊，但不少研究者认为，后来被视作贫寒之士的寒山，实际上并非生于贫寒之家，而是生于一个有一定社会地位的人家。而且他的家乡并不在天台山附近，而在离唐朝都城长安不远的咸阳、平陵一带。在成长过程中，寒山一度也像很多人一样沉醉于书剑和功名，很有英雄豪情，并多次参加过科举考试。

遗憾的是，因为体貌欠佳等原因，寒山的求官之路并不顺利。但正是这段人生经历，使他具备了关心天下苍生的儒士本色。面对种种社会问题，他提出了不少有见识的看法，比如"国以人为本，犹如树因地。地厚树扶疏，地薄树憔悴。不得露其根，枝枯子先坠……"但更多的时候，他倾向于站在务实的角度，告诉人们应该如何安顿好自己的人生：

"丈夫莫守困，无钱须经纪。养得一牸（zì）牛，生得五犊子。犊子又生儿，积数无穷已。寄语陶朱公，富与君相似。"与此同时，他也提醒人们注意物欲对人心的腐化、对家庭伦理关系的冲击："我见百十狗，个个毛鬔鬔。卧者渠自卧，行者渠自行。投之一块骨，相与喍喍（ái chái）争。良由为骨少，狗多分不平。"如果没有作为士人的身份和情感，寒山不会是有血有肉的寒山，他后来选择的生活方式也不会于千载之中引起无数争论，引来无数的追随者。

大约30岁时，寒山的生活发生了一次重大转折，他决定孤独地远走江南，到天台山隐居。其中原因，既有纵情山水、求仙辞死的内心需求，又有仕途上的失意和家庭内部的纷争。"隐士遁人间，多向山中眠。青萝疏麓麓，碧涧响联联。腾腾且安乐，悠悠自清闲。免有染世事，心净如白莲。"这次南下带给寒山的当然也有不舍和忧伤，更多的却是池鱼归故渊般的解脱。

到达天台山后，寒山可能首先经历了一段穷困但还算宁静的村居岁月，慢慢地，他选择了向人烟更为稀少的山间移居。这种与清风明月相伴的隐逸生活，使他的精神得到了陶冶，给他带来了极大的满足感，也让他的一部分诗歌达到了工整典雅、情景交融的境界。比如他的一首诗写道："自乐平生道，烟萝石洞间。野情多放旷，长伴白云闲。有路不通世，无心孰可攀。石床孤夜坐，圆月上寒山。"这样冲淡高远的作品与他标志性的白话诗截然不同，已足可称为艺术之诗、经典之诗。

在与大自然亲密接触的过程中，寒山没有忘记求仙辞死的初衷，所以他也创作了不少谈玄论道的作品，比如："欲得安身处，寒山可长保。微风吹幽松，近听声逾好。下有斑白人，喃喃读黄老。十年归不得，忘却来时道。"但时间在不知不觉中流逝，"今日观镜中，飒飒鬓垂素"，他渐渐体悟到，所谓长生不过是镜花水月、虚妄之谈。最终，他决定幽居人迹罕至的寒岩古洞，以求打破身体的羁绊，由苦修和禅悟获得精神的超脱。在他的诗中，有不少作品表达了这方面的体验，比如："高高峰顶上，四顾极无边。独坐无人知，孤月照寒泉。泉中且无月，月自在青天。吟此一曲歌，歌终不是禅。"尽管不是真正的僧人，但通过这些作品可以知道，寒山在佛学方面确实有很高的修养，甚至远远超出了当时不少身披佛衣的僧人。

是僧还是道，是喜还是悲，是疯癫还是理性，是有情还是无情……思想的复杂、文献记载的混乱，都使寒山的面貌变得模糊起来。但有的时候，他给人的印象又是那么清晰："昨夜梦还家，见妇机中织。驻梭如有思，擎梭似无力。呼之回面视，况复不相识。应是别多年，鬓毛非旧色。"根据相关文献记载，寒山活了近百岁。对他而言，究竟哪一刻"方知我是我"呢？

世界性的影响

虽然在后世声名大振，寒山的诗在当时不少人看来却难登大雅之堂。"有个王秀才，笑我诗多失。云不识蜂腰，仍不会鹤膝。平侧不解压，凡言取次出……"类似王秀才这样嘲讽、否定寒山诗的人大有人

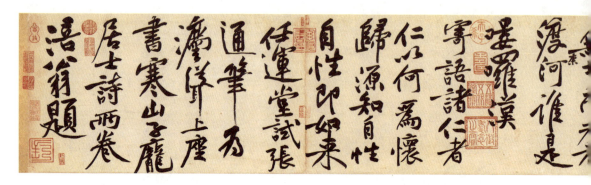

北宋 黄庭坚行书《寒山子庞居士诗卷》

在。他们的看法也基本一致，认为寒山之诗语言太俗且不合格律，不过
是些闲言碎语罢了。作为一个受过良好儒家教育的人，寒山并非不懂
诗，这样打破藩篱、"不伦不类"的白话诗风，何尝不是他想要呈现的
作品面貌呢？所以，他并不认为自己的作品有什么问题，并且深信它们
终有一天会"忽遇明眼人，即自流天下"。

事实证明，他的自信绝非狂妄。

北宋元符元年（1098 年），著名诗人、书法家黄庭坚贬官后，被
移至戎州（今四川宜宾）安置。一开始，他借住在当地的禅院之中，后
在一些友人的帮助下修建了一处宅院，将其命名为"任运堂"。在此居
住期间（约 1099 年），他得到了制笔名家张通制作的新笔，决定试用
一下，于是欣然为友人书写了寒山和庞蕴两位唐朝诗人的禅诗。这件
作品的一部分流传了下来，便是如今被视为黄庭坚晚年书法力作的《寒
山子庞居士诗卷》。这已不是黄庭坚第一次手书寒山诗赠予他人了，因

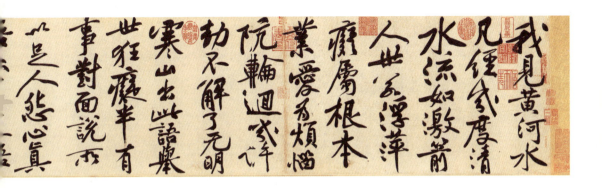

为他对寒山和寒山诗的喜爱是发自内心的。他不仅在自己的作品中大量化用寒山诗，更透得寒山诗的玄关，对寒山颠覆传统、脱胎换骨、贯通雅俗的精神和个性十分赞赏。而苏轼在评价自己这位门下学士时，也盛赞他有与寒山同样的精神与个性。

除了黄庭坚，宋朝还有不少人对寒山和寒山诗非常赞赏，比如王安石、苏轼、陆游、朱熹、马远等。他们或拟写富有佛理禅趣的寒山诗，或创作与寒山有关的艺术作品，令寒山和寒山诗盛极一时，对当时和后世的主流文化产生了深远影响。实际上，从唐朝中期开始，寒山和寒山诗已开始引起人们的关注，黄庭坚甚至提到杜甫一览寒山诗而结舌，这或许并非耸人听闻之辞。而晚唐五代时期，如贯休等一大批名僧、羽士对寒山形象的"神化"和"固化"，更为寒山和寒山诗为大众所熟知，进入文学、书画、民间信仰等经典文化的序列，奠定了坚实的基础。只是很多人没有料到，寒山除了在我国备受关注，也在异国他乡获得了崇高声誉，甚至连同时期的李白、杜甫都望尘莫及。

寒山的诗作和事迹最迟于宋神宗熙宁年间传入日本，因为根据日本入宋求法的高僧成寻记载，熙宁五年（1072年）他在天台山巡游时，获得了国清寺僧人赠送的"寒山子诗一帖"，并于第二年命弟子带回日本。之后，随着更多寒山诗作与寒山图像被携归，寒山开始在日本备受推崇——不仅他的诗作被广泛传播、注释和拟写，他的图像也被一再珍藏、模仿和再造，就连他真假莫辨的人生故事也被不断演绎、重塑和改编。如今，寒山的思想和形象已遍及日本哲学、绘画、文学、商业等各个领域，而且相关话题和研究依然层出不穷，寒山对日本文化的深远影响由此可见一斑。

20世纪中期，当寒山的故事传布于欧美国家时，不少人同样被他自由不羁的灵魂所打动。他们视寒山为精神偶像，吟诵他的诗作，渴望像他一样远离尘嚣、亲近自然，在浪游中获得精神的超脱、灵魂的重塑。这股"寒山热"的影响至今未曾消退，不仅为很多人的生活指明了方向，也催生了数量可观的经典文学作品。在这些作品的扉页上，常可看到作家们写给寒山的献词——这是不同国度的作家之间跨越千年的相遇与交谈。

寒山有一首诗写道："人问寒山道，寒山路不通。夏天冰未释，日出雾朦胧。似我何由届，与君心不同。君心若似我，还得到其中。"即便有地域的阻隔、文化的差异，但在某些方面人们一定"心相似"，这便可以让彼此达成共识，通向更好的远方与未来。

"寒山展卷，拾得持帚" 是咋回事

元（传）颜辉《寒山拾得图轴》（之一）

在我国艺术画廊中，有不少类似于寒山、拾得这样不拘泥于外表而实有大智的人物形象。艺术家在塑造这些有共性的人物时，除了通过故事情节和文字介绍人物身份，往往还会通过特定"道具"将他们区别开来。这种理念使艺术家在创作"寒山拾得图"时形成了一种固定模式，那便是"寒山展卷，拾得持帚"。所以，当我们在绘画中看到这样两个人物时，便可推测他们可能为寒山、拾得。同样的原理，当我们看到一位高僧有虎相随时，便可推测其可能为丰干。

随着大量"寒山拾得图"由我国传入日本，"寒山展卷，拾得持帚"的创作模式也对日本绘画产生了重要影响。日本浮世绘中就有大量按此模式处理人物关系的作品，只是展卷、持帚人物不再局限于僧人，甚至不再局限于男子，这样便能更大限度地展示人情世态。艺术就是这样在继承中发展变化的。当寒山、拾得渐渐变为"和合二仙"，他们手中的"道具"也慢慢按照谐音规则变成了荷花与圆盒，而相关的艺术变式还在不断涌现。

　　禅画在中国绘画史上有着非常重要的意义。这类作品讲究以减省的笔墨和色彩融会智慧和宇宙、人生，使观者明心见性，其创作主张与今天"less is more（少即是多）"的理念有不少相通之处。牧溪的《六柿图》便很好地体现了禅画的这一特点。其虽只简单绘画了六个水墨柿子，却有着让人全身心安静下来的力量。这种力量在意大利著名画家乔治·莫兰迪和中国近代画家常玉的静物画中同样能被感受到。莫兰迪的作品向来以优雅、不张扬的色调取胜。下页最后是一幅常玉的花卉作品轮廓图，不妨试着填上一些色彩，看看能否捕捉到这种直抵人心的力量，再与常玉的原作对比看看。

| 宋末元初 牧溪《六柿图》

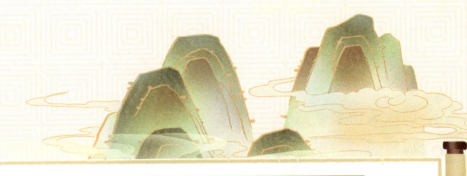

| 乔治·莫兰迪静物作品

| 常玉花卉作品轮廓图

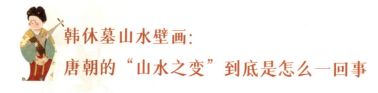

韩休墓山水壁画:
唐朝的"山水之变"到底是怎么一回事

带框的山水画

　　这是一幅尺幅很大的独幅山水画，宽 2.17 米、高 1.94 米。这么大尺幅的山水画，即便在现代，都是十分难得的，不要说在遥远的唐朝了。更有意思的是，这幅山水画的外面，还精心配制了"画框"。只不过这个"画框"不是用木头或金属制成的，而是用暗红色的颜料（赤铁矿）画出来的。另外，这幅山水画也不像古代大多数绘画那样是画在绢帛或纸上的，而是绘于涂有草拌泥、刷有白灰的墙壁上的，属于典型的壁画，发现于唐玄宗开元年间的一位宰相——韩休的墓中。

　　这幅看上去平淡无奇，甚至有些粗陋的墓室山水画，跟我国明清时期汗牛充栋的精美山水画相比，难免令人不以为意。但这幅山水画确实意义非凡，因为它是考古学家发现的年代较早、保存较好、山水因素据

｜韩休墓墓室壁画《山水图》

主导地位的真正山水画之一。它和其他同类作品一起，就像早期化石一般，昭示着时间来到盛唐，山水不再只是别种图像的点缀，而直接拥有了属于自己的独立的画科。我国唐朝及以前的绝大部分画作，早已灰飞烟灭、踪迹难觅了，想要找到一幅纯粹的山水画更是难上加难。当我们想要追问，极具审美价值的中国山水画在初成时期究竟什么样时，这幅墓葬壁画以及与它类似的作品，或许能引领我们找到答案。

在这幅作品前驻足欣赏，人们不禁会跟随绘画者的引导来到高山之巅，怀着崇敬之心俯视眼前的一切：一条小溪在两排大山间由近及远地流淌，尽头黄色的圆日照耀，层云尽染，远山笔直而立，若隐若现。

再认真审视，溪流两旁的大山整体呈"八"字形，山上用墨线勾勒轮廓的巨石犬牙交错，仿佛在极力向上生长。墨线之内蓝、绿、黄等色彩皴（cūn）擦，营造出了立体感和阳光照耀的效果。部分峰顶之上，由蓝色粗笔簇点而成的树木一派苍翠，只有树冠而无树干。低处山坡上，几株矮树静立，树叶淡黄。整个画面上空无一人，唯有小溪两旁一远一近、一方一圆两座草亭，揭示着这里并非荒无人烟。而居于画面中心的圆形草亭后面，几杆毛竹交错斜出，线条柔韧有力，分外引人注目。

作为一幅装饰地下世界的墓葬壁画，这幅作品当然不能与现实生活中的山水画相提并论，但作为模拟现实生活中绘画形态的作品，它又多少反映了当时真实的绘画状况。墓葬壁画的价值，正在于此。

壁画的创作在我国其实有着悠久的历史，从史前壁画到后来的寺院壁画、洞窟壁画、墓葬壁画……壁画构成了我国历史上一个博大精深的艺术门类，仿佛一本由图像构成的百科全书，为后人了解前代的生活提供了直观的资料。唐朝是我国壁画艺术发展的鼎盛时期，出现了不少人们耳熟能详的画家，如吴道子、李昭道、王维等，他们都进行过壁画的创作。这些有很高文化素养的画家，在长安、洛阳等地的粉壁上挥毫，让壁画成了一道不可忽视的风景。

在唐朝的墓葬中，尤其是高等级墓葬中，考古学家发现了不少极有价值的壁画。这些壁画的内容包罗万象，让研究者对唐人的生活状况和精神世界有了更多认识。韩休身为玄宗时期的重要官员，他的墓葬中出现精美的壁画并不令人感到意外。除了朱雀图、玄武图、树下高士图

| 韩休墓墓室壁画《乐舞图》

等常见的壁画，他墓室的东壁上还有一幅场面宏大的《乐舞图》，着实令人惊叹。这幅壁画宽 3.96 米、高 2.33 米，尺幅之大、保存之好、内容之丰，在唐朝的同类壁画中堪称绝品。整幅壁画以墨线勾描，以黄、蓝、绿等色彩涂染，男女舞者和左右乐队在草木葱茏的环境中，于花毯上尽情展示自我，透露出一派欢乐祥和的气氛。相比之下，墓中那幅山水画显得颇为与众不同，因为它描绘的场景显然不够富丽，更不够热烈。为什么这样一幅透出孤寂的作品会出现在韩休的墓中呢？

敢怒敢言的韩休

虽然同样身居高位，但与自己大名鼎鼎的儿子、《五牛图》的作者韩滉（huàng）相比，韩休在后世的知名度并不算太高。不过，这位出身世家大族的唐朝臣子，还是在历史上留下了敢于犯颜直谏的美名。

唐玄宗开元二十一年（733 年），经重臣萧嵩举荐，韩休开始担任同中书门下平章事等职，相当于成了一名宰相。战功赫赫的萧嵩以为韩休柔弱，易于掌控。不承想，身具"仁者之勇"的韩休，远比萧嵩想象中刚正不阿。他对萧嵩的主张提出不少修正意见，以致两人的关系剑拔弩张。因为韩休敢怒敢言，玄宗皇帝对他也颇为忌惮。打猎或宴饮过于放纵时，玄宗皇帝总会怀着忐忑的心情询问身边人："这事儿韩休知道吗？"往往事后没多久，韩休劝谏的奏疏就会送到。

有一次，玄宗皇帝对着镜子闷闷不乐，身边人领会圣意后说："自从韩休入朝，陛下没有一天不郁郁寡欢的，人都瘦了一大圈儿。为什么不干脆罢免了他？"玄宗皇帝叹息道："我虽然瘦了，但这个国家必会富强啊！萧嵩奏事，每次都顺着我的意思，但回去想想这个国家，实在令人难以安寝。而韩休，虽然他说话难听，但说的都是治国之道，我听了能睡得着啊！我用韩休，不是为了自己，而是为了这个国家！"明朝著名诗人李东阳曾写诗说"君王对镜念苍生，一身甘为韩休瘦"，用的正是这一典故。

不过，韩休和萧嵩的矛盾最终还是发展到了不可调和的程度。玄宗皇帝不得不先将两人一同罢免，然后再对萧嵩进行安抚。这样算来，韩休当宰相的时间不过短短几个月。开元二十八年（740 年），韩休因病去世，享年 68 岁。开创了唐朝盛世之后，玄宗皇帝开始沉溺于声色，逐渐将前期励精图治的精神消耗殆尽。宋朝著名诗人晁说（yuè）之写诗道："九龄已老韩休死，无复明朝谏疏来。"没有更多韩休这样的诤（zhèng）臣，唐朝的盛世局面很难再维系，从而为之后安史之乱的爆发埋下了祸根。

作为一名有地位、善坚持的官员，韩休可被视为盛唐时期文人士大夫的代表，他的生活形态虽然带有个性特征，但在某种程度上也应和着时代的潮流。韩休墓中那幅特意配置了"画框"的独幅山水画，便体现了这一点。这幅作品被认为是模拟生活中的屏风或挂画创作而成的，而这样的山水画在当时非常流行。杜甫曾写诗道："忆昔咸阳都市合，山水之图张卖时。巫峡曾经宝屏见，楚宫犹对碧峰疑。"以山水为题材的画作已作为商品售卖，可见这类作品深受欢迎。

不过，韩休在墓中安置这幅山水画，可能不止出于流行风尚，也与他独特的生命体验有关。有学者认为，这幅山水画是对道教仙山胜境的想象，描绘了墓主灵魂的归处。画中一圆一方两座空空的草亭，正是韩休和夫人柳氏的象征。根据柳氏墓志记载，她晚年好道，而道教又是唐朝统治者大力推崇的，所以韩休受到道教影响并不意外。不过也有学者指出，这幅山水画上的圆日十分突出，敦煌佛教壁画中有不少类似的图像，所以这幅山水画可能与佛教信仰有关。另外，也有不少学者认为，这幅山水画可能与文人士大夫心向林泉的"吏隐"情结有关。身居高位不得不心怀天下，但面对人世浮沉，他们也渴望到山水田园间一畅心神、超脱现实的烦忧，并借自然之道，通达更高的人生境界。

无论从儒、释、道哪个角度出发，山水在唐朝都已是不容忽视的文化因素，对塑造文人士大夫的精神世界发挥着重要作用。这不仅使唐朝的山水诗盛极一时，也使后来占据中国画主导地位的山水画，走上了自成一体的发展道路。

山水之变

　　其实，山水因素很早就进入了人们的视野，但直到魏晋时期，人们对山水的审美才进入自觉阶段。

　　袁山松（袁崧）是东晋晚期一位不甚知名的学者，他在《宜都记》中提到，长江三峡一段水流湍急，来到这里的人都会注意到潜在的危险，却几乎没人称道这里的山水之美。他登临之后发现，这里高山叠秀，山谷传响，实有未见之奇观，于是感叹道："山水有灵，亦当惊知己于千古矣。"如果山水有灵的话，一定会引自己为知己的。袁山松的慨叹，为魏晋时期人们于山水上的重要发现提供了生动注解。所以，不少古代艺术史家认为，山水画萌芽于魏晋时期，经过绘画技法的不断积累，终于在盛唐迎来了一场"山水之变"，从而获得了独立的艺术地位，并发展出多种绘画风格。这种描述随着韩休墓山水画等考古资料的发现，愈发清晰起来。

　　韩休墓中的独幅山水画尽管并不多见，但其构图方式和绘画技巧，与盛唐前后其他墓葬中的山水壁画有不少相似之处。在年代可靠的唐朝绘画付之阙如的情况下，这些山水画的面貌，或许能为盛唐那场"山水

《游春图》（局部）

此图被认为是隋朝画家展子虔的作品，但也有不少学者结合图中人物和建筑的特点对此提出了质疑，认为其或为唐朝作品或宋朝摹本。不可否认的是，图中山石树木的皴法与后世山水画相比确显古拙

之变"提供一些具体的情境。

古代艺术史家在描述盛唐之前的山水图像时，曾用"水不容泛，人大于山"来概括，意思是这一阶段的画作，山、水、树、石等山水元素多是人物画的背景或点缀，人们画它们的目的也并非着意于对山水的描绘，而盛唐前后的山水画基本改变了这种状况。除了韩休墓中的山水画如此，考古学家在武惠妃墓中发现的山水画同样如此。

武惠妃是玄宗皇帝的宠妃，在她封闭于开元二十六年（738 年）的葬墓中，考古学家发现了六幅并排而立的竖向山水壁画，其中三幅带有赤红色的边框，另外三幅则没有，呈现出未完成状态。这些壁画同样模拟了现实生活中的屏风或挂画，其中的山水因素占据了整个画面，与后世的山水画已无太大区别。

不过，相比后世千变万化的山水图景，这些墓葬山水画在很多方面还比较稚嫩，尚不能跳出一些固定的模式。韩休墓中的山水画在构图上有一个显著特点，就是"两山夹一水"，这种构图在敦煌壁画等不少当时的图像中都能看到，而其"山尖欲落"的巨石画法同样如此。至于武惠妃墓中的山水壁画，在构图和画法上则与嗣鲁王李道坚墓中的六幅竖向山水壁画极为相似。李道坚为唐高祖李渊的曾孙，其去世时间仅晚于武惠妃一年。多种图式并存，咫尺之内可瞻万里之遥，方寸之间能辨千寻之峻，这正是山水画走向成熟的迹象。

另外，这些墓葬山水画在绘画的笔法上也有不少相似之处，比如主要以线条状物塑形，并敷有简淡的色彩。根据唐朝画史记载，盛唐"画圣"吴道子在绘制壁画时往往落笔便去，由弟子完成后期的着色工作。也就是说，当时的不少画作可分为线描与着色两道工序，两者可以由不同的画工完成，而线描明显比着色更重要。韩休墓中的山水画便带有这样的特点。不过，当时还有另一种风格的山水画存在，那就是由唐宗室成员李思训、李昭道父子发展出的"金碧山水"或"青绿山水"。这种以石青、石绿、朱砂等矿物为主要颜料的山水画，笔法谨严、敷色浓艳，看上去金碧辉煌而又不失真实感，可以说是展示盛唐气象的极佳艺术形式。唐朝的"山水之变"，由此取得了备受瞩目的成果。

不过，唐朝的"山水之变"实际上并未就此结束。长安元年（701

《江帆楼阁图》
该图画工精致、敷色浓丽，被认为是唐李思训所绘（或为宋摹本），在主题、画法和构图上与展子虔《游春图》有不少相似之处，但又有自己独特的面貌。比如松针的画法，两图便有明显差别，或有继承与发展的关系

年），一个男孩儿在蒲州（今山西永济）出生了。他从小便聪明过人，成年之后不仅以诗文为时人所重，还精通音律和绘画，以至于所到之处，达官显贵无不拂尘相迎。他就是笃诚奉佛，被后人称为"诗佛"的著名文学家王维。作为文人参与绘画创作，王维与当时的职业画家大不相同的一点，是他更在乎通过绘画展示自我，而不只是对景物和史实进行简单的描画。为此，他甚至不惜将不同时节的事物画到一起。

据相关文献记载，雅好山水、亲近自然的王维，创作了不少山水画，并使用"破墨法"形成了独具一格的水墨山水画风。不过，因为意识过于超前，王维在唐人书写的绘画史中并未获得重要地位。但随着山水画的进一步发展，以及文人社会地位的上升，文人山水画的风采终究难掩，以至于从五代开始便大放异彩。王维也由此成了文人山水画的一代宗师。

吴道子如何让山水更具立体感

张彦远是唐朝晚期著名的艺术史家，他出身官宦世家，在遍览前代画作的基础上，写出了我国第一部绘画通史《历代名画记》。在这部有关当时绘画的"百科全书"里，他提出的很多观点发前人所未发，具有重要的研究价值。

比如在谈到唐朝的"山水之变"时，张彦远认为"画圣"吴道子发挥了重要作用。吴道子通过对蜀地山川进行观察，形成了独到的笔法，在画作中用线条"纵以怪石崩滩"，已能达到"若可扪酌"、极富立体感的效果。他是怎么做到的？不少研究者认为，吴道子应该已经掌握了一项关键的绘画技法——皴法。

皴法是中国画独特的表现技法之一，是古代画家在艺术实践中为表现山石树木的脉络、质地、阴阳，加以概括而创造出来的运笔和用墨方式。《世说新语》中记载顾恺之画裴楷像，"颊上益三毛"而"如有神明，殊胜未安时"。这三笔便可视为早期人物画中表现皮肤质感的皴笔。皴法的出现，标志着中国山水画开始走向成熟，而历代山水画家之所以能自成一派，独到的皴法常起着至关重要的作用。

日本正仓院藏具有唐朝绘画风格的《山水图》（局部）

　　中国画中的皴法为数众多，根据它们的用笔特点，人们为其取了非常形象的名称，比如斧劈皴、披麻皴、米点皴等。斧劈皴得名于这种皴法的运笔如斧劈木片。其笔迹首重尾轻，可以很好地展示山岩棱角分明的特点。披麻皴是说这种皴法的笔迹如麻披散而错落纷垂。根据其所用线条的长短，又有长披麻皴和短披麻皴之别。这种皴法尤其适宜表现土山平缓细密的纹理。米点皴传为北宋米芾、米友仁父子所创，它主要通过饱含水墨的横点来表现山体，能使画面具有云雾变幻、烟树迷蒙的效果。下面这三幅图展示了上述三种皴法，你能将它们和具体名称对应起来吗？

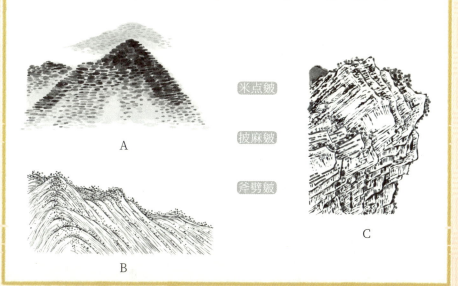

米点皴

披麻皴

斧劈皴

A

B

C

鎏金舞马衔杯纹银壶：
会向皇帝敬酒的马原来真的存在过

 ## "疯马"原来不寻常

田承嗣是唐玄宗李隆基时期的一个著名军事将领。有一天，他正在军中举行宴会犒劳将士，忽然接到养马官的报告，说马厩那边发生了奇怪的事，希望他能处理一下。原来，不知道什么原因，宴会期间，马厩里的几匹马突然上下颠顿、摇头摆尾，像疯了一般，并且没有停下来的意思。大家都很害怕，不知道这些马是怎么回事。田承嗣听后，下令用扫把狠命抽打这些马匹。谁知道这几匹马不但没停下来，反而跳得更加疯狂了。田承嗣怒不可遏，最后竟将那些马全部鞭打至死。

当时在场的人中，有人很清楚这是怎么一回事，但迫于田承嗣的威权，始终也没替这些马说上一句话。实际上，这几匹马大有来头，它们的"异常表现"与"疯癫"一点儿关系都没有。这件事不妨从出土于西

何家村遗宝中的鎏金
舞马衔杯纹银壶

安市碑林区何家村的一件国宝级文物说起。

在何家村发现的那批蜚声世界的唐朝遗宝中，除了珍贵的镶金玛瑙兽首杯，还有一件鎏金银壶分外引人注目。这件银壶高 14.8 厘米，壶身是我国北方游牧民族所用皮囊壶的样子，而焊于壶身上端的提梁则类似马镫的形状，在造型设计上充满了想象力。壶身一角，有撇向外侧的筒状流口，上面扣着覆荷叶形的壶盖儿。一条两端带有环扣的银链搭在壶身上，一端扣在壶盖儿上，一端扣在提梁上，保证了壶盖儿不会轻易丢失。

这把壶的线条由流口向后骤然降低，又在壶腹处微微翘起，极富变化，非常优美。在壶身与圈足的分界处，制壶匠人还模仿皮囊壶上的缝合线，设计了一圈儿"拉链"式的图案，十分独特。不过更独特的，是壶身两面模压而成、凸起于壶面的骏马。这两匹造型相似的马，筋骨强健，颇为壮硕。为了让独特的创意不被忽视，制壶匠人对马匹、壶盖儿、提梁，以及那圈儿"拉链"式的图案，进行了鎏金处理，让整把壶在金与银的对比下，显得璀璨夺目。

近距离观察这把壶上的两匹骏马，能发现它们尾巴上翘、后腿跪卧、脖子上的飘带翻飞，与一般的马在动作和造型上都有很大不同。更奇怪的是，它们的嘴里居然还衔着杯子。这到底是做什么用的马呢？这其实就是被田承嗣鞭打至死的那种马——在唐朝曾令无数人发出由衷赞叹的舞马。随着何家村这件鎏金银壶的出土，唐朝的一段历史再度被人们记起，那是一段令人唏嘘、引人深思的历史。

令人叹为观止的舞马表演

先天元年（712年），李隆基登上皇帝宝座，开始了他长达40多年的统治。执政初期，他励精图治，很快使唐朝的发展进入鼎盛时期，史称"开元之治"。

开元十七年（729年）八月五日，是玄宗皇帝的生日，丞相张说等上奏，提议将每年的八月五日定为"千秋节"，令全国休假，普天同庆。玄宗皇帝欣然同意，不久便下诏，正式将每年的八月五日定为"千秋节"，届时全国休假三天，人们可以借此祭祀田神、向长者表达敬意，而作为皇帝的他则接受百官朝贺。

将皇帝诞辰确立为国家法定节日，"千秋节"可谓首创，所以次年第一个"千秋节"到来时，人们格外重视，很早便开始筹备。这次"千秋节"的宫廷庆典，在兴庆宫内勤政务本楼与花萼相辉楼之间的广场上举行。各种器物和美食准备就绪后，玄宗皇帝登上宝座，王公大臣开始按照礼仪向他敬酒祝寿，玄宗皇帝则向王公大臣们颁赐铜镜、布帛等物品。参加如此盛大庆典的，除了王公大臣，还有四夷君长。可以想见，当玄宗皇帝站在高处，看着下面歌舞竞作、热闹非凡的节日表演时，内心是多么激动。

根据文人士大夫的记述，在"千秋节"宫廷庆典中，不可错过的节目当属舞马表演。舞马表演，也叫蹀（dié）马表演，是良马经过特殊训练，配合音乐进行表演的一种杂技。舞马表演在我国魏晋时期就已出

唐 葵形双鸾千秋镜
该镜呈八出葵花形，镜背左右双鸾飞舞，上下两个花叶形的方胜中分别铸有"千""秋"二字。这种铭文镜被认为与"千秋节"有关，或为玄宗皇帝颁赐群臣的铜镜

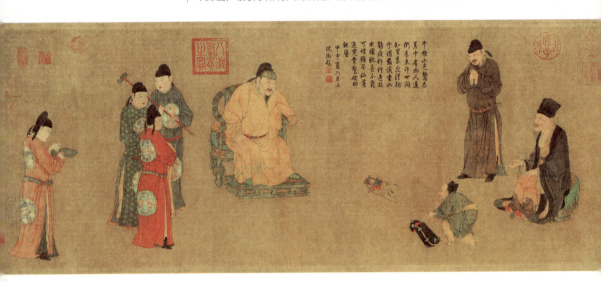

元 任仁发《张果老见明皇图》
此图描绘了"八仙"之一的张果老谒（yè）见玄宗皇帝的民间故事。张
果老在玄宗皇帝面前施展法术，使一头鞍辔齐全的小驴从童子所持口袋
中蹿出，吸引了所有人的目光。图中身着黄衣的人便是唐玄宗

现，至唐朝渐渐迎来了鼎盛时期。当时，朝廷会从西域等地选择精良的
马匹纳入官厩，派专人调教，逢重大节日和外交场合进行舞马表演。表
演的规模之大、技艺之妙、装饰之美，常能给人留下深刻印象。

　　玄宗时期，颇有艺术天分的玄宗皇帝甚至亲自参与舞马的调教，还
给这些马取了"某家宠""某家骄"的名字以示宠溺。"千秋节"时，
这些舞马常数十匹甚至上百匹依次入场，"衣以文绣，络以金银，饰其
鬃鬣（liè），间杂珠玉"。数十位姿貌美秀的少年乐工，身着黄衫，腰

系玉带，分立左右，配合舞马演奏音乐。当《倾杯乐》的乐曲响起时，这些马便开始踏着节拍奋首鼓尾，按照阵形纵情跳跃。

跳至高潮部分，驯马师会乘舞马拾级而上，在布置好的三层板床上上下腾跃、旋转如飞，令人啧啧称奇。表演最后，在乐曲的配合下，一匹舞马会衔着酒杯，弯足膝行，跪倒在皇帝面前献酒祝寿，这无疑是整个庆典中激动人心的时刻。物阜民丰，万邦来朝，甚至连动物都臣服在皇帝脚下，这样的场景注定令人津津乐道。

遗憾的是，盛唐的繁华在20多年后，随着安史之乱的爆发，被雨打风吹去。勤政务本楼下热闹非凡的"千秋节"乐音骤然沉寂了。玄宗皇帝从享乐之中回过神来，安禄山的叛军已近兵临长安，他不得不仓皇逃往蜀地。都城尚无暇顾及，那些舞马也只能任其西东了。

安禄山作为玄宗皇帝曾经的宠臣，对舞马并不陌生，便寻获了几匹置于身边。后来，这些舞马辗转到了安禄山的部将田承嗣手上。田承嗣当时并不知道这些马与普通的马有何区别，就将它们和战马混在了一起。他举行宴会那天，这些马听到音乐，顿时兴奋起来，让养马官深感不安。这些马早已对训练习以为常，自然越打跳得越卖力，而这只会让田承嗣更加愤怒，最后便出现了这些马被鞭打至死的悲惨结局。随着这批舞马毙于枥下，彰显唐朝荣耀的舞马绝技逐渐淡出了人们的视线。于是，历史成了传说。

"更有衔杯终宴曲，垂头掉尾醉如泥。"如果没有何家村这件鎏金银壶的出土，丞相张说诗句中舞马衔杯的样态，又让人何处寻觅和感受呢？这件国宝级文物不仅证实了文献所载舞马一事的真实性，也在一定意义上见证了唐朝由盛而衰的历史。

如此精美的鎏金银壶，是谁将它遗忘在了何家村？想要回答这个问题，还得回到这件国宝被发现的原点。实际上，这件鎏金银壶只是"何家村遗宝"精美金银器中的一件而已。

大唐遗宝谁所遗

1970 年，人们在何家村原唐长安城兴华坊的地下，发现了两个陶瓮和一个银罐。打开之后，考古学家不禁目瞪口呆，因为这三件器物里竟装着大量等级极高的奇珍异宝。

经过清理和考证，这是一处唐朝窖藏，共有文物 1000 多件，其中很大一部分是金银器，既有盘、碗、杯、壶等饮食器，也有药具、盥洗器和装饰品。这批金银器的品类之多、工艺之精、价值之高，是以往发现的唐朝金银器所无法比拟的，堪称古代金银器的一次惊世大发现，为人们近距离感受唐朝风韵提供了不可取代的实物资料。

唐朝的金银器一直以来都备受珍视，其中原因不只在于制作它们的材料十分昂贵，更在于它们有着颇为神秘的精巧设计和令人心动的装饰图案，而这多少得益于东罗马帝国、古印度、波斯萨珊王朝和粟特等国家和地区文化的影响。对何家村金银器而言，这种影响显而易见。其中既有直接来自这些地区的舶来品，也有按照这些地区的器物制作的惟妙惟肖的仿制品，更有集众家之长、中西合璧的创新品。总之，这批宝物

（左）何家村遗宝中的鎏金双狐纹双桃形银盘
（右）何家村遗宝中的鎏金伎乐纹八棱银杯

在历史和文化方面所展现的博大精深之处，足够吸引世界的目光。

除了舞马衔杯纹银壶，何家村金银器中还有一大批器物令人过目难忘，比如鎏金鹦鹉纹提梁银罐、鎏金伎乐纹八棱银杯、鎏金双狐纹双桃形银盘等。这些雄浑饱满、富丽堂皇的金银器，虽以实用器的面目出现，其内涵却早已超越了实用器本身，堪为唐朝生活理念、精神追求、科技进步和文化交流的载体。辉煌灿烂的中华文明和昂扬自信的大国风范，在这里得到了体现。

如此高等级的器物，在唐朝若非达官显贵断不能拥有，而其中一些达到帝王级别的器物表明，这批来源丰富的宝物应该与唐朝皇室密切相关。至于它们被埋藏的时间，有人认为是安史之乱期间（755—763

精美的唐鎏金银碗，显示了当时
极为高超的金银器制作工艺

年）。但一些考古学家根据其中制作年代较晚的器物推断，更有可能是
唐德宗李适（kuò）时期泾原兵变发生之际。

　　建中四年（783 年）发生的泾原兵变是继安史之乱后唐朝历史上发
生的又一次严重的叛乱。五千泾原士兵在前往征讨割据势力李希烈的
途中，以没有得到朝廷足够的奖赏为由在长安附近倒戈。他们不仅迫
使唐德宗李适离开了长安，还对皇家府库和长安城内的居民进行了劫
掠。由于这次兵变发生得十分突然，当时长安城内带着那批何家村宝
物的官员可能来不及将它们转移，只得就地掩埋。当然，这些宝物之
后再也没有被取出。当今人发现它们的时候，也顿时窥见了一个无与伦
比的大唐。

"真黄钱"到底是一种什么钱

在何家村遗宝中，考古学家发现了不少古代的钱币，其中一种金质的开元通宝分外引人注目。这种钱币过去一直在文献中被人们所知，直到这次发现才展露真容。这些金开元通宝出土时和其他物品一起放在一件银盒里，一共30枚。盒子上的墨书文字透露，金开元通宝原来在当时被称为"真黄钱"。

这些"真黄钱"虽然是仿照铜开元通宝制造的，却并非实际流通的货币，主要用于宫廷赏赐和游戏等。据史书记载，玄宗皇帝在长安城的承天门上设宴招待群臣，其间会向楼下抛撒金钱，允许一定级别的官员争抢。唐朝诗人顾况就曾在诗中描写过这样的场景："九重天乐降神仙，步舞分行踏锦筵。嘈囋一声钟鼓歇，万人楼下拾金钱。"另外，这些金钱还经常充当玄宗皇帝与妃子做游戏的道具，比如"以远近为限，赛其元掷于地者，以金觥为赏"。

金开元通宝的发现，说明何家村遗宝确实与唐朝皇室有关，至于它们是如何远离皇宫的，依然迷雾重重。

何家村遗宝中的金开元通宝

何家村遗宝备受瞩目的金银器中，还有12条俏皮可爱的"赤金走龙"令人印象深刻。这组用于道教祭祀仪式，负责将写有愿望的文简带向神界的"信使"，尽管身形小巧，却形象生动，让人们对唐朝龙的形象有了直观认识。龙作为一种图腾，其形象在不同历史时期并不完全相同，甚至在每个朝代之内也有一些细微的差异。总体而言，汉唐之际的龙四足健壮、大嘴圆张，显得极为凶猛，带有更多走兽的特征；而从宋朝开始，龙带上了更多神性，仿佛一头钻进云层，从此只在空中出没，面部显得更有威仪而不再是凶猛。下页有两件带龙形图案的器物，一为唐制，一为宋制，你能分辨出来它们所属的朝代吗？

| 何家村遗宝中的赤金走龙

A

B

颜真卿《祭侄文稿》：
字字泣血的"天下第二行书"珍贵在何处

天下行书第二

1989 年，平整土地的苗圃工人在浙江杭州偶然发现了一座毫不起眼的古墓。随后，考古学家对这座古墓进行了清理，在其中发现了端砚、玛瑙笔饰、青瓷香炉等文房用品。杭州自古以来文风鼎盛，这座墓葬的主人想必也是古代的一位文人雅士。墓中出土的两枚印章证实了这一点。葬在这里的人，名叫鲜于枢，字伯机。虽然很多人对他并不熟悉，他却是元朝历史上大名鼎鼎的书法家，足可与元朝另一位声名赫赫的书法家赵孟頫相提并论。

出土的这两枚印章，一枚印文为"伯几印章"，一枚印文为"鲜于枢伯几父"，出土时都还带着鲜红的印泥，说明它们是这位书法家生前常用之物。颇有意味的是，人们发现，这两枚印章的印文曾在一件传

西周 兮甲盘

盘内铭文记述了兮甲奉周
宣王之命征伐各方的事迹。
兮甲，字伯吉父，其名亦
见于我国第一部诗歌总集
《诗经》中，他不仅是一
位能征善战的将军，也是
一位诗人

世国宝上出现过。这件国宝如今仍非常完好地珍藏在我国台北故宫博物院中，它就是唐朝著名书法家颜真卿的书法真迹《祭侄文稿》。距今1200多年的唐朝墨迹尚在人间，晚于它500多年的印章却已入土——这些曾有过交集的文物，天各一方、命运殊途，怎不叫人心生感慨？

　　鲜于枢不仅是一位书法家，也是一位眼光独到的鉴赏家。有一次，他在一位名叫李顺甫的下属家中发现一口烙饼的锅很特别，顿时被吸引过去。细看之下，他不禁大吃一惊。原来，它竟是宋朝时出土，然后被纳入宋朝宫廷的西周青铜盘——带有133个重要铭文的兮甲盘。这件李顺甫从集市上买来的"锅"，已经被他的家人折断了底足，但这并没妨碍鲜于枢将其精心收藏，传之后世。兮甲盘是汉朝至宋朝出土的商周青铜器中唯一流传至今的，是绝无仅有的国之重宝。

　　忽必烈至元二十年（1283年）前后，鲜于枢遇到了他生命中的另一件重宝，那就是颜真卿的书法真迹《祭侄文稿》。当时，这件作品是一位名医的收藏，鲜于枢用自己珍藏的古书将它交换过来，并在随后几年中先后题写了两段跋（bá）文，加盖了自己的多方印章。在其中一段跋文中，鲜于枢称《祭侄文稿》为"天下行书第二"，是仅次于王羲之《兰亭序》的书法作品。鲜于枢的这一评价在后世产生了深远影响，《祭侄文稿》在我国书法史上的地位也由此确立。

《祭侄文稿》为什么重要？它真的有那么出类拔萃吗？还是说，这仅仅是鲜于枢对自藏作品的夸耀之辞？

《祭侄文稿》上的鲜于枢题跋

哀愤之作

不管他人怎么看，《祭侄文稿》对颜真卿来说是真正的哀愤之作。它的诞生与唐朝历史上那场影响巨大的浩劫息息相关，那就是由安禄山和史思明发动的安史之乱。这场浩劫不仅让盛唐的风华如飞羽般四散飘零，也让颜真卿这样拥有忠魂侠骨的臣子付出了惨痛代价。

唐玄宗天宝十四载（755年），安史之乱

爆发，叛军一路向前，势如破竹，震动了整个京城。唐玄宗怎么也不敢相信，那些之前发誓效忠他的臣子竟然轻易放弃了抵抗。他不禁惊呼，难道黄河以北二十四个郡，连一个忠臣都没有吗？很快，一个好消息传来，说平原郡太守颜真卿此刻正在前线全力组织抵抗。玄宗皇帝听后非常高兴。

颜真卿虽然以书法家的身份广为人知，但他并不是专职的书法家，他的首要身份还是唐朝的一名官员。颜真卿生于唐中宗景龙三年（709年），其祖上所属的琅玡颜氏是一个从事文字和书法研究的世家大族，涌现出的名人灿若星辰，其中就包括《颜氏家训》的作者、著名教育家颜之推。唐玄宗开元二十二年（734年），颜真卿考中进士，开始步入仕途，在长安任职。后来因为权臣杨国忠的排挤，他被调离京师，出任平原郡太守。

平原郡当时处于安禄山的管辖范围。颜真卿到任之后，敏锐地察觉到安禄山有谋反的迹象，便在暗中采取防范措施。他首先以防备雨灾为由，加固了城墙，修挖了壕沟，并开始训练兵马，储存粮食等战备物资。为了进一步迷惑安禄山，颜真卿还经常约三五好友泛舟游玩、饮酒赋诗，一副全不关心时事的样子。安禄山见颜真卿整日如此，认为他不过是一介书生罢了，便放松了警惕。他万万没想到，颜真卿早已为即将到来的叛乱做好了准备。

安史之乱爆发前，颜真卿的堂兄颜杲（gǎo）卿被安禄山举荐为常山郡太守。暗中备战之时，颜真卿私下联络颜杲卿，相约将来一起发动义兵，分头牵制安禄山。战争爆发后，颜真卿和颜杲卿号召大家联合起来抗击安禄山，各地将领群起响应，颜真卿被推为盟主。安禄山闻此巨变，迅速命史思明围攻常山郡。颜杲卿拼死抵抗，即便儿子颜季明被斩首也绝不投降，最后终因援兵不至而被俘。

安禄山见到颜杲卿后，斥责他忘恩负义。颜杲卿怒目而视，慷慨陈词："我颜氏世代为唐朝臣子，俸禄、职位都是朝廷的，即便我因你推荐得任常山郡太守，也绝不会跟着你反叛朝廷！"安禄山暴怒，命人将颜杲卿拖到交通要道，施以极刑。颜杲卿大骂安禄山逆贼不止，直至气绝身亡。那一天，颜杲卿一门死于刀锯者 30 多人。

两年之后（758 年），战事稍平，颜真卿洗去征尘，开始多方寻找亲人遗骸，最后仅找到堂兄颜杲

| 唐 颜真卿《祭侄文稿》

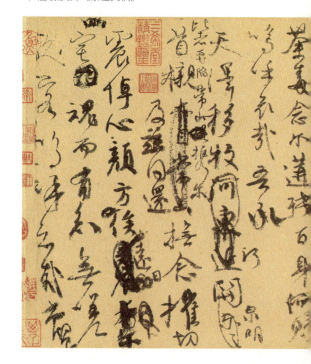

卿和侄子颜季明的部分遗体。回忆往昔，亲人的音容宛然依旧。悲愤之情难平，颜真卿当即着墨挥毫，写下了充满深情的《祭侄文稿》。

为何堪为书法杰作

初看《祭侄文稿》，会发现这件书法作品似乎很"潦草"——文字大小不一、疏密无度，甚至东倒西歪，更有不少地方被圈圈点点、涂涂抹抹。这样一篇祭文的草稿，真称得上一件书法作品，且堪称国之重宝吗？

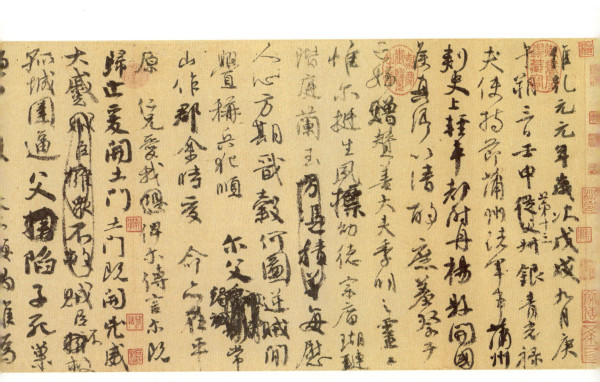

《祭侄文稿》开篇几十个字，主要交代了年月之类的事，颜真卿的书写还比较平稳，文字看上去还算规整。但这种平和的心绪，很快便被后半部分的激愤替代了。颜真卿的书写速度开始加快，文字也开始飘忽不定……

"贼臣不救，孤城围逼，父陷子死，巢倾卵覆"，这16个字在文稿中是极为震撼的地方。"贼臣不救"是涂改后的文字，颜真卿原本写的是"贼臣拥众不救"。多出来的两个字，明显弱化了语气，完全不能突显颜真卿的愤恨之情。只有"贼臣不救"这样犀利的控诉，才能将这种愤恨宣泄出来。颜杲卿一家的悲剧本有转圜（huán）的余地，却因贼臣的自私自利，再难挽回。为家国尽职尽责的他们，直接被推入了人间炼狱，是可忍孰不可忍！

情动于衷，思绪万千。颜真卿笔端的墨早已干枯，但他显然过于激动，非快速行笔不足以表达激愤之情，致使文稿的笔墨枯润不一，字体也由行书渐成草书。加上多处涂改，可以看出，颜真卿在写这篇祭文的时候，完全没有经过细致的规划和经营。正因如此，那些似乎不完美的地方，反倒成了它的精彩与可贵之处。

张晏是元朝著名收藏家，在品评《祭侄文稿》时，他说过一段耐人寻味的话："告不如书简，书简不如起草。盖以告是官作，虽端楷终为绳约。书简出于一时之意兴，则颇能放纵矣。而起草又出于无心，是其心手两忘。真妙见于此也。"

《祭侄文稿》的书写忠实记录了颜真卿的情绪由平和到慷慨激昂，再到悲恸欲绝的过程。通过那满纸"狼藉"的笔墨，我们能深切地感受到这位历史名臣杜鹃泣血般的声嘶力竭。这样的书写，不计工拙，心手两忘，一气呵成，将所谓技法完全抛诸脑后，每一笔都是过往经验的积累，每一字都是深沉情感的凝聚，这不正是书法艺术的至高境界吗？这样的书写不可复制，这样的作品不会再有。

当我们面对《祭侄文稿》，想到后来颜真卿的遭遇时，或许更能感受这件书法作品巨大的情感价值。

唐德宗建中四年（783 年），淮西节度使李希烈叛乱。年过七旬的颜真卿被权臣构陷，奉命前往李希烈军中传达朝廷旨意，劝降李希烈。不少朝臣为此大惊失色，宰相李勉上奏说"失去这样一位朝廷重臣，并不会换来希望得到的结果，只会令朝廷蒙羞"，希望德宗皇帝能留下颜真卿。但他的谏言没有得到回应。其他人也劝颜真卿不要去，颜真卿回答说："君命岂能回避？"颜真卿去后，终被李希烈杀害。

即使面临灭顶之灾，也要以一己之力为国为民。《祭侄文稿》不仅是一件书法作品，也是对颜氏一门家国情怀的忠实记录，怎不令人在面对它的时候肃然起敬。

"天下第一"的行书《兰亭序》真迹如今已不见踪影，只有摹本流传至今。有鉴于此，有人认为《祭侄文稿》才是真正意义上的"天下第一行书"。这样的比较其实并无意义，因为它们都以自己的方式创造了历史，推动着中华民族的文化不息向前。

自成一体的"颜体"楷书

除了行书备受关注，颜真卿的楷书更是自成一格，被称为"颜体"。尽管他的楷书在唐朝也享有盛誉，他却不是当时最受瞩目的书法家。但入宋以后，人们逐渐意识到，"颜体"书法才是唐朝新书风的卓越代表。而且就融汇古今、推陈出新的创造精神而言，颜真卿是王羲之的真正继承者。所以，苏轼曾言："诗至于杜子美（杜甫），文至于韩退之（韩愈），书至于颜鲁公（颜真卿），画至于吴道子，而古今之变，天下之能事尽矣。"

杜甫曾针对唐朝的书法艺术总结道："书贵瘦硬方通神。"这是唐朝书法整体受王羲之父子影响而确立的审美标准。尽管颜真卿也受王羲之影响，但他也从母亲殷氏家族、"草圣"张旭等处取法，最终形成了"颜体"楷书如弓弩般富有筋力而圆厚雄健、大气磅礴的风格，同他的人格一样，兼具阳刚之美、庄严之美。宋人讲论书法，注重独创性与个性化，颜真卿的书法与他的人格实现了完美融合——"书即是人"，他能得到宋代书法家的肯定自在情理之中。

颜真卿书《东方朔画像赞》碑刻中的楷体字（拓本）

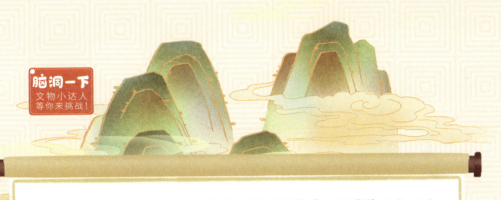

我国文字的书写，按照字体、字形的差异，可简单分为五种书体，即篆书、隶书、草书（章草、今草）、行书、楷书。这五种书体并非一开始就同时存在的，而是经过分化发展逐渐形成的。有学者指出，这五种书体可分为两个系统，一种是"敬体"，主要用于碑榜书写，形式严肃，以体现尊重，如篆书、隶书、楷书；另一种则是"便体"，主要用于日常书写，形式较为自由，以方便为要，如草书、行书。这两种书写系统并行发展，互相影响，最终形成了我国书法艺术异彩纷呈的面貌。《瘗（yì）鹤铭》是我国古代一件带有多种书体特征、影响深远的石刻书法作品，下图为其局部拓片，你能从中看到哪些书体特征呢？

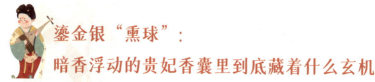

鎏金银"熏球"：
暗香浮动的贵妃香囊里到底藏着什么玄机

香囊究竟何所制

唐玄宗天宝十四载（755 年），与宠臣杨国忠素有嫌隙的安禄山，以"忧国之危"、奉密诏讨伐杨国忠为由，在范阳（今河北涿州）发动叛乱——改变唐朝历史的安史之乱爆发。"渔阳鼙（pí）鼓动地来，惊破霓裳羽衣曲"，人们念念不忘的唐朝盛世，就此奏响了落幕的悲歌。

面对叛军的步步紧逼，第二年，玄宗皇帝被迫离开长安，逃往蜀地避难。途经马嵬（wéi）驿（位于今陕西兴平西约 11 千米）时，随从将士因为饥疲难耐、怨愤难平，悍然发起兵变，将专权误国的杨国忠杀死，并要求唐玄宗处死杨国忠的族妹杨贵妃。玄宗皇帝惊慌失措，知道众怒难犯，最后不得不在万分难舍中将杨贵妃缢死。

经过各方不懈努力，唐肃宗至德二载（757 年），官军取得阶段性

具有唐李思训、李昭道父子青绿山水风格的《明皇幸蜀图》（局部）

胜利，长安被收复，已成太上皇的唐玄宗得以重返京都。事去时移，物是人非，玄宗皇帝难免想起之前和杨贵妃在宫中相处的点点滴滴，于是决定派人秘密改葬杨贵妃，结果却等来了一个令人心碎的消息。当初，在仓皇出逃的情况下，人们并没什么好的装殓（liàn）用具，只能将死去的杨贵妃用紫缛裹住，草草掩埋。如今，她的肌肤已坏，只有身上的香囊仍在。内官将香囊带到宫中，玄宗皇帝睹物思人，不禁悲从中来，肝肠寸断。

在唐玄宗和杨贵妃的生离死别中，这枚香囊无疑令人动容。不过，说起来，香囊在我国古代似乎并不是什么奇珍异宝，因为根据文献记载，它在豪门贵胄之家颇为常见。而且在一般人的印象里，香囊属于丝织物，是很难保存的。那么，杨贵妃佩戴的香囊到底是什么样的，居然可以在极简陋的条件下，于地下长期埋藏而不腐烂?

对于这个问题，不少专家学者一度也很困惑，但随着1987年法门寺地宫的开启，这个问题的答案变得渐渐清晰起来。在那次震惊世界的考古发掘中，考古学家在众多唐朝皇室物品中，发现了一大一小两枚镂空鎏金银球，其制作之精巧，格外引人注目。但更引人注目的，是它们在唐朝时的称谓。根据地宫中"物帐碑"上的文字记录，它们是唐僖宗李儇（xuān）供奉在佛前的珍宝，其确切名称并非考古学家认为的"熏球"或"熏炉"，而是"香囊"！人们不禁恍然大悟，原来在唐朝香囊并不像想象中那样只有丝质的，还有其他材质的。

其实，早在1970年，考古学家在西安郊外的何家村唐朝遗宝中，就发现了同样的镂空银球，其保存之完好、设计之工巧，与法门寺地宫中发现的那两枚一样，堪称唐朝金银器中的精品。当时，考古学家结合它镂空的形制，确定其应为古代的熏香用具，遂为其定名"熏球"或"熏炉"。谁承想，在唐朝，人们竟会称它为"香囊"呢。随着此类文物的正式名称被确定，结合古代文献记载和现代科学研究，有关它们的更多秘密，逐渐被专家学者所揭示。

历代香炉多巧思

作为一种焚香用具，唐朝的这些银质香囊，是我国历史悠久的香文化发展到一定阶段的产物。考古学证据显示，数千年前，我国不少地区的原始先民就开始使用香料了，比如在重大的祭祀活动中焚烧香草、油

| 汉 错金银嵌宝博山炉

　　脂等。烟雾缭绕，随后消失于天际，人们相信他们找到了一种能够与神和祖先沟通的方法。于是，他们开始焚香以接近神和逝去的祖先，并向他们祈求祝福和愿望的实现。随着时间的推移，人们逐渐认识到，焚香还能美化环境、祛病养生、增添雅趣。各种各样便于使用的焚香器具随之出现，这便是不同造型、不同材质、不同称谓的各式香炉，其中有不少可谓工艺与材质完美结合的设计名品。

　　在汉朝，有一种香炉便堪称我国古代工匠运用聪明才智的典范，那就是在宫廷和王公贵族中十分流行的博山炉。制作精美的博山炉，多用青铜制作，并辅有鎏金、镶嵌等工艺，主要由器身与器盖儿两部分组成。器身形如盛装食物的高足豆，镂空的器盖儿则形如高山，山间常饰有珍禽异兽、人物、流云等元素，模拟想象中的仙山胜景。宋朝著名金石学家吕大临在谈到博山炉时说："香炉像海中博山，下盘贮汤使润气蒸香，以像海之四环。"其构思之妙，令人赞叹。1981年，考古学家在陕西兴平汉武帝茂陵附近发掘了一件十分精美的鎏金银竹节铜熏炉。炉上的铭文显示，它原是西汉未央宫中的宝物，其确切名称为"金黄涂竹节熏炉"。所谓"金黄涂"，就是今天所说的鎏金。这件历经千年仍璀璨如新的工艺珍品，便属于博山炉，只是其底部的高足被换成了长长的竹节。

| 西汉 鎏金银竹节铜熏炉

到了宋朝，随着经济的发展、文化的繁荣，焚香与喝茶、挂画、插花一道，成了人们雅致生活的重要组成部分。作为焚香用具的香炉，因为具有文玩属性，变得愈发精巧而有趣，比如一些动物造型的香炉便甚是可爱，一时蔚为大观。这些以陶瓷或金属制作的香炉，被称为"香兽"或"出香"，常作狻猊、麒麟、凫（fú）鸭之状，内部中空用来焚香，烟则从动物的口中逸出，十分富有情趣，深得文人士大夫喜爱。

与汉朝的博山炉、宋朝的出香相比，唐朝

发现的银质香囊在制作的工巧方面，可以说毫不逊色。除了法门寺地宫和何家村窖藏发现的三枚，这种银质香囊在别处也有少量发现。这些作品虽有大小、纹饰和装饰方法的差异，但统统采用了捶揲成形、细部錾刻和整体镂空的工艺。因为大部分香囊的直径仅有几厘米，又为达官显贵所赏玩，训练有素的匠人非将这些工艺悉心用到极致不可，所以这些器物虽小，却多有惊心动魄之处。何家村遗宝中的那件葡萄花鸟纹银香囊便是如此。

北宋 汝窑莲花座鸳鸯出香

这件银质香囊由上下两个半球通过子母口扣合而成，器身与器盖儿以铰链和勾环相连。其外壁直径4.6厘米，比一个乒乓球稍大一点，壁厚0.5毫米，就像纸一样薄。这使得整个香囊非常轻，通过上端的银链挂在身上毫无负担。这样的大小，这样的厚度，唐朝匠人居然还在上面镂雕了满满的葡萄花鸟纹，显得富丽而奢华，与唐人一贯的审美风格非常吻合。

不仅如此，香囊上葡萄花鸟纹的设计

何家村遗宝中的葡萄花鸟纹银香囊

也充满了巧思。首先，它利用香囊的球形结构，采用了多方连续图案，这能最大限度地保证人们在转动欣赏时，看到的是一幅相对完整的"葡萄花鸟图"。其次，工匠在雕镂图案时，非常注意线条的流畅和自由洒脱，所以这些动植物的形态充满了动感。再次，为了使葡萄花鸟更加惟妙惟肖，匠人还着意通过精细的錾刻，赋予它们丰富的肌理。一时之间，它们便变得如真实的生灵般栩栩如生了。

类似的银质香囊，单是精美的外观，已足够让人惊叹了，但它们之所以重要，还有另外的因素，那就是其精巧的内部机关。

金属香囊里的高科技

慧琳是唐朝中期一位知识渊博的学问僧，他曾以佛经为基础，编撰了一部重要的辞书——《一切经音义》。这虽然是一部与佛经有关的专书，但因为慧琳在其中引入了大量当时的语言材料，有些材料后世已不再使用，所以这本书的价值已远远超出佛经研究的范畴，对今天的人们了解唐朝的文化和历史也很有帮助。

比如，在谈到香囊时，慧琳指出："香囊者，烧香器物也。以铜、铁、金、银玲珑圆作，内有香囊，机关巧智，虽外纵横圆转，而内常平，能使不倾。妃后贵人之所用之也。"也就是说，唐朝的香囊不仅有银质的，还有铜、铁、金等其他材质的，而且香囊内部设有十分精巧的机关，无论香囊怎样转动，盛放香料的容器都能保持平衡，不会使香料倾洒出来。事实果真如慧琳所说吗？

何家村遗宝中的葡萄花鸟纹银香囊

打开何家村遗宝中的银质香囊，可以看到它由三层构成。第一层是镂空的葡萄花鸟纹外壁，第二层是用长条形银片绕成的内外两个同心圆环，第三层则是用黄金捶打而成、用来盛放香料的半球形香盂。仔细观察可以发现，外壁与外环、外环与内环、内环与香盂之间分别由可以转动的铆（mǎo）钉在90度的位置连接，如此便形成了一种神奇的物理学结构。通过这种结构，香盂依靠自身重量，确实可以始终保持口部向上，不论香囊如何转动，都不会使香料和香火外漏，即便置于怀袖或被窝里使用，也丝毫不用担心。

如此富有科技含量又饶有趣味的熏香用具，当然是上层女性、风流少年、亲贵重臣极力追求的。他们或者将其挂于衣外，或者置于袖中，所过之处香气飘飘，自然备受瞩目。另外，据相关文献记载，负责制作御用器物的皇家机构，常会选在冬季进奉"衣香囊"，这意味着这些香囊除了可以熏香，还有取暖功能。白居易诗中曾有"暖手小香囊"一句，说的正是这一点。

按照慧琳所说，制作精巧的香囊多为"妃后贵人"所用。也许，杨贵妃身上佩戴的，正是这种用贵金属制作的香囊。它为什么不会轻易腐烂，也就很容易理解了，甚至进行必要的清理后依然可以重新佩戴。不过，也有不少人并不这样认为。

郑嵎（yú）是晚唐时期的一位著名诗人，以一首《津阳门诗》著称于世。在这首带有大量自注的叙事长诗中，郑嵎提供了不少唐朝的史料，其中也包括玄宗皇帝改葬杨贵妃的宫廷秘事。他在诗中写道："宫中亲呼高骠骑，潜令改葬杨真妃。花肤雪艳不复见，空有香囊和泪滋……"接着，他在自注中提及，杨贵妃的香囊为"紫绣香囊"，而且被取出时其中的麝香都尚未散尽。玄宗皇帝拿到香囊后，还在悲泣中戴在了自己身上。

晚唐时期另一位诗人张祜（hù）则写诗说："蹙金妃子小花囊，销耗胸前结旧香。谁为君王重解得，一生遗恨系心肠。"他也认为杨贵妃的香囊为丝织物，只是采用了蹙金绣工艺。1987 年，法门寺地宫中发现的蹙金绣织物，虽历经千年仍光彩夺目，杨贵妃佩戴这样的香囊而不腐，当然也不无可能。不管杨贵妃的香囊是丝织物还是贵金属制品，它都成就了一段爱情传奇。这段传奇穿越时空，让后世的人们在对盛唐的追思中感慨万千。

内蒙古自治区赤峰市宝山辽墓壁画《颂经图》
据唐朝郑处诲的《明皇杂录》记载，曾有人向玄宗皇帝进献过一只雪白的鹦鹉，它不但外表极美，而且十分聪明。玄宗皇帝和杨贵妃都非常喜欢这只鹦鹉，亲切地称它为"雪衣女"。图中所绘为杨贵妃教"雪衣女"诵经的场景

　　杨贵妃和唐玄宗的故事远去了，但可能见证过他们人生故事的那类金属香囊仍在历史中流转，继续创造着传奇。这种蕴含中华儿女聪明才智的"科技产品"，随着国际贸易和友好交流，辗转到了很多国家。其中的物理学结构，不仅给人们带去了惊奇，也激发了人们探索世界的热情。除了中国，如今在日本、英国、美国等国家的博物馆中，都能看到唐朝的金属香囊和一些国家的早期仿制品。它们静静地躺在那里，仿佛不曾给世界带来过什么，但它们真真切切地在不少人的心间掀起过惊涛骇浪！

知识
来捡漏儿

杨贵妃真的很胖吗

北宋著名文学家苏轼曾在诗中说："短长肥瘦各有态，玉环飞燕谁敢憎。"汉成帝的皇后赵飞燕向以身材窈窕著称，苏轼将她和杨贵妃对举，说明在宋人心中，杨贵妃的体态并非瘦削的类型。有人据此认为杨贵妃在唐朝以"肥"称美，并得出了"环肥燕瘦"的结论。事实果真如此吗？

在唐朝，选拔官员有着严格的标准，除了考察一个人的文辞和口才，还要评判一个人的外貌，体貌不佳者很难被授予官职。选官如此，选妃也一样。"诗圣"杜甫在《丽人行》中写杨氏姐妹时，以"肌理细腻骨肉匀"来形容她们。由此可见，当时并非以"肥"为选美标准，只是丰腴而已。

另外，杨贵妃自幼习舞，舞技深得玄宗皇帝赞赏，而像《霓裳羽衣舞》这样讲述月宫遇仙的舞蹈，非有仙姿不可为，这也决定了她不会过胖。只是安史之乱爆发后，杨贵妃被指为红颜祸水，针对她的指责便越来越多，她的形象也在文人笔下发生了变化，并与"细长洁白"的宫廷审美标准逐渐背离。

张萱《虢国夫人游春图》（宋摹本，局部）。虢国夫人为杨贵妃姐姐，其形象当与杨贵妃有相似处，而此图中人物身材多微丰

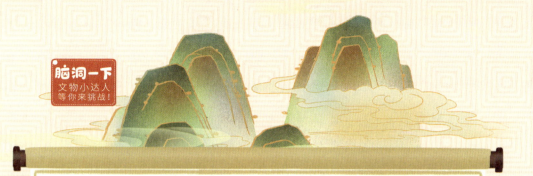

　　很多人都玩过转陀螺的游戏，相信不少人对陀螺旋转起来可以倾斜不倒感到分外惊奇。科学家通过对陀螺进行研究，制作出了陀螺仪这种装置，唐朝的金属香囊所具备的内部结构和陀螺仪基本一致。不妨按照陀螺仪的结构，自己动手制作一个陀螺：可以按照嵌套的圆环结构制作，让圆盘通过缠绳抽拉的方式转动；当然，也可以按照实心结构将一段木头削尖，在尖端装上滚珠，然后在木段上缠绳抽拉。

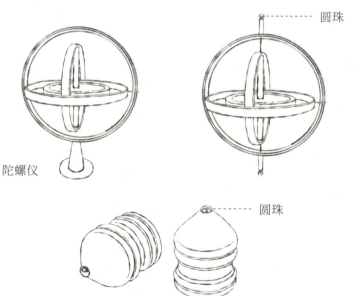

圆珠

陀螺仪

圆珠

| 唐咸通九年（868 年）雕版印刷《金刚经》扉画

第三章

盛世遗韵

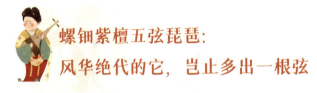

螺钿紫檀五弦琵琶:
风华绝代的它，岂止多出一根弦

引人遐思的《琵琶行》

　　唐宪宗元和十年（815 年），六月三日清晨，夜色还未退去，一位官员从家里出来，准备赶赴皇宫上早朝。突然，一伙贼人从暗处蹿出，残忍将其杀害。消息很快传到了朝堂上，等待上朝的百官十分震惊，只是不知道被杀的人究竟是谁。没多久，那位官员的马跑了过来，人们这才知道，死的竟是当朝宰相武元衡。唐宪宗李纯惊异万分，没想到凶手竟如此嚣张，已经到了在大街上公然刺杀朝廷重臣的地步。

　　武元衡是一位铁血宰相，一直致力于削弱割据地方的藩镇势力，维护朝廷的权威，因此得罪了不少豪强。人们很清楚，他的死正与此有关。就在没人敢替他说话的时候，富有正义感的大诗人白居易上书，希望朝廷尽快抓捕凶手。没想到，这却招来了恶意中伤，本在京城做官的白居易，被接连降职，最后做了徒有虚名的江州司马。

赴任之后，白居易并没觉得降职外调有什么大不了，直到第二年（816 年）秋他遇到一位弹琵琶的歌女。那天晚上，白居易到江边送别友人，忽然听到水面上传来琵琶声，铮铮然有京城的韵味。精通音律的他被吸引了，便想请弹琵琶的人出来弹奏几曲。千呼万唤，那人才出来，是一位神情分外忧郁的女子。

细问才知道，这位女子如今正沉浸在悲痛之中。她原是京城里有名的歌女，13 岁时她的琵琶演奏已技惊四座，加上年轻貌美，常引得富家子弟争先恐后看她的表演。后来，她家中遭遇变故，自己也青春不再，只好嫁给一个商人。哪知商人只看重钱，前月去外地做生意，将她孤零零地遗弃在了这里。

琵琶女转徙江湖间的漂泊无依，让白居易深感同情，顿时触发了他的飘零之感。于是，他有感而发，写下了流传千古的叙事长诗《琵琶行》。"同是天涯沦落人，相逢何必曾相识"，其中的经典诗句千百年来不知引起了多少人的共鸣。那位歌女后来怎么样，人们无从知晓，但因为有了白居易的《琵琶行》，她的传奇流传了下来。

"大弦嘈嘈如急雨，小弦切切如私语；嘈嘈切切错杂弹，大珠小珠落玉盘……"她那出神入化的琵琶技艺，无疑会让人对唐朝生出无限遐思。大唐盛世的琵琶究竟什么样？是否和我们今天见到的一样？而那些打动过大唐无数名士的琵琶曲又有怎样的旋律？它们今天是否依然动人？盛唐的繁华不再，它们是否也都随风而逝，遍寻不见了呢？

明 仇英《浔阳送别图》（局部）

正仓院里的宝物

　　唐玄宗开元十二年（724 年），与唐朝关系友好的日本，迎来了一位新的君主，他就是著名的圣武天皇。此时的日本，正值全面学习唐朝、唐风隆盛的时代，贵族阶层无不以向唐朝学习为荣。他们阅读汉语书籍，勤练汉字书法，使用从唐朝进口的生活用品，过着和唐朝贵族相似的生活。

　　圣武天皇同样酷爱唐朝文化，他的日常起居也基本模仿唐朝贵族的生活。可以想象，日本派出的遣唐使返回日本，带回的盛唐宝物，一定让他爱不释手。756 年，开创了日本文化盛世的圣武天皇去世，他的妻子光明皇后将他生前使用和珍藏的一大批物品，献入了日本皇家寺院东大寺，并对这些物品做了详细记录。之后，她又分多次，将更多物品献入了东大寺。这些物品，此后像被时间封存在了那里，等待着被打开。

　　正仓院是东大寺的一座木质仓库，经过历代的精心维护，延续至今

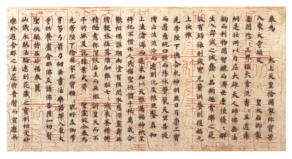

日本天平胜宝八年（756年）《东大寺献物帐》（局部）　　正仓院藏黄金琉璃钿背十二棱银镜

已有近1300年的历史，现有北仓、中仓和南仓三部分。光明皇后当年献出的奇珍异宝，就珍藏在这里。这些宝物是历经千年、著录完整、流传有序的重要文化遗产。数千件濡染了大唐风韵的宝物，藏于一处，管理有方，不得不说十分难得。

1946年10月，正仓院中的33件宝物公开展出，获得了热烈反响。之后，这便成了一个惯例，每年的10月至11月，在正适合检点和晾晒文物的时节，日本都会举行20天左右的正仓院大展。这一年一度的宝物之约，已成了备受瞩目的文化节日，人们从世界各地涌来，希望领略盛唐的无限荣光。

历次正仓院大展总是让人大开眼界——没想到历史上的唐朝竟催生了如此丰富多彩的器物！紫檀金钿柄香炉、木画紫檀棋局、漆胡瓶、腊缬（xié）动物屏风……它们是如此精致、如此华美，不禁一再让人对遥远的盛唐心生向往。

正仓院里的很多宝物都意义非凡，但要选择一件代表盛唐，则非那

正仓院藏紫檀金钿柄香炉（局部）

正仓院藏漆胡瓶

件稀世之宝"螺钿紫檀五弦琵琶"不可，而它也正是正仓院里的第一名品。原因不仅在于它异常精美，仿佛天外来物，更在于它是存世的古代琵琶中唯一的五弦琵琶，整个世界绝无仅有。

盛唐时，具有异域风情的乐舞频繁上演，让达官显贵和普通百姓的生活仿如幻梦。它们被记录在了神秘的敦煌壁画里，被写进了诗人的壮美诗篇里，但无论在哪里，琵琶声都是集万千宠爱于一身的音色。它的豪迈放达和瑰丽雄奇，以极富号召性的节奏，将唐朝的开放和自信，以磅礴之势推向了所有阶层。唐朝的荣耀在琵琶声中达至巅峰，一把琵琶足以引领我们走近唐朝，走近那个"华丽的时代"。

绝世之美

"美人为我弹五弦，尘埃忽静心悄然……"进入宁谧的正仓院，打开北仓的仓门，面对29号位的收藏品，它那风华绝代的美，总是让来到这里的人欲言又止，念念不忘。"螺钿紫檀五弦琵琶"，这是 1000 多年前被记录下来的它的名字。虽然历经了千年时光，它如今依然绚丽无比，将盛唐气象展示得淋漓尽致。

这把五弦琵琶，下半部分为梨形，上半部分的颈项修长，用于调弦的五个琴轴平直地伸向两侧。整器秀润挺拔，以粉红为主色调的螺钿遍布全身，让它仿佛一位来自异域的女子，顾盼生辉。所谓"螺钿"，就是将螺壳或海贝分层剥离后磨为薄片，做成人物、花鸟等小饰件，镶嵌在器物的表面。这是一门古老而新奇的工艺。螺壳或海贝被磨薄之后，会闪现绚丽的彩光，让器物显得神秘而典雅。这把五弦琵琶的正反两面，螺钿制成的团花、流云、衔绶鹦鹉等图案疏密有致，极富动感。为了让装饰更为立体和华贵，工匠们还对所有螺钿做了精细的线刻，并用琥珀等珍贵材料进行了辅助装饰。它们鲜艳的色泽交相辉映，美不胜收。

这里尤其值得一提的，是琵琶正面弹拨部位（被称为"捍拨"）的螺钿图案：一个异域人士骑在奔走的骆驼上，手持曲颈琵琶，用拨子尽情

正仓院藏螺钿紫檀五弦琵琶（正反面）

第三章

螺钿紫檀五弦琵琶上精美的螺钿图案

弹奏着。就连骆驼都被那优美的乐音打动了，不禁回首相望。这幅"驼上欢歌图"，是丝绸之路上人来人往的真实写照，显示了盛唐的繁荣和开放。只是，随着绮丽的琵琶声渐渐远去，这样的图景也悄然隐退在了历史深处，等待着在一个新的时代重新焕发光彩。

这把五弦琵琶装饰得如此繁复，不免让人怀疑：它真的是一件能够弹奏的乐器吗？会不会只是一件用于陈设的工艺品呢？专家们检测时发现，它的主面板是由三块木板拼接而成的，这通常会影响乐器的发音。但更深入的研究发现，这件琵琶内部的发音系统很完善，它从一开始就是作为乐器制作的；而琵琶的捍拨上，还有古老的使用痕迹，说明它曾经被弹奏过。所以，这把五弦琵琶应该是一把真正的乐器。

在唐朝，除了五弦琵琶，四弦琵琶同样流行，正仓院里如今也完好地保存着几把盛唐风格的四弦琵琶。相比而言，四弦琵琶比五弦琵琶更容易制作和掌握，这大概就是四弦琵琶至今仍然风靡，而五弦琵琶已消

正仓院藏四弦琵琶

失不见的原因。好在人们寻觅盛唐之音的努力从未停止，以正仓院的五弦琵琶为蓝本，人们复制出了可以弹奏的五弦琵琶，让那美妙的音色重新回到了人间。不管千年之前的盛世之音是否依旧，它都让我们对曾经的大唐多了一份憧憬与怀念。

美好总需等待，有时瞬间，有时千年，当契机出现，奇迹便不再远。正仓院里的五弦琵琶，无疑给世人带来了超乎想象的奇观，与它有关的故事，还有很多等待被讲述。

"天书"之谜

唐代宗大历八年（773 年），闰十一月二十九日，石大娘在写满奇怪符号的纸上，留下了自己的名字和日期。"大娘"这个称呼会让人误以为她是一位中老年妇女，实际上她可能是一名年轻貌美的女子，因为"大娘"这个称呼在唐朝更多是对佳人的尊称。她记下的那些符号，绝

唐 琵琶奏乐俑

正仓院藏红牙拨镂拨（正反面）
本品由象牙染色后制成。"拨镂"
为一种结合线刻的雕刻工艺

大部分人都看不懂，所以不可能广泛流传，但谁能想到，这些符号真就穿越了千年，堪称一个奇迹。

1939 年，日本近卫家族秘藏的一卷纸，被指定为日本国宝。这卷纸上写有密密麻麻的符号，既不像汉字，也不像日文，仿如"天书"。在这些符号中间，人们赫然发现了一个名字——石大娘。原来，她写下那些符号之后几十年，日本遣唐使或留学生，抄写并核定了一份她记下的符号。抄写的卷纸被带回日本，一直保存到了今天。

这卷纸上的符号到底是什么？认真审视可以看到，卷纸上有"五弦""调曲"等字。难道这是唐朝的琴谱？这是很多人的误解。实际上，唐朝时，"五弦"指的是五弦琵琶。所以，这张被称为《五弦琴谱》的卷纸不是琴谱，而是五弦琵琶谱。从某种意义上说，它比琴谱更珍贵。

唐朝时音乐虽然发达，但并没有科学的记谱方法，人们只能用文字去描述乐器如

唐朝饰件上的琵琶演奏场景

何演奏。为了使用方便、防止技艺外传，音乐家们便创造了一套简写的文字来记谱。《五弦琴谱》上那些奇奇怪怪的符号，简单来说就是描述手指动作的文字，只是这些文字使用了独特的加密技术。这种记谱方法虽然有助于防范技艺外流，但也为后人解读这些曲谱设置了重重障碍。宋朝时，很多人已经完全不知道这些符号到底打的什么哑谜了。

不过，现代音乐家们从未放弃过解读这卷曲谱的努力。结合正仓院五弦琵琶的构造，中国学者和国际友人已经尝试破译了其中的很多乐曲，包括与唐太宗李世民有关的《秦王破阵乐》，以及与武则天有关的《武媚娘》和《如意娘》。

"第一第二弦索索，秋风拂松疏韵落。第三第四弦泠泠，夜鹤忆子笼中鸣。第五弦声最掩抑，陇水冻咽流不得。五弦并奏君试听，凄凄切切复铮铮。铁击珊瑚一两曲，冰泻玉盘千万声……"唐宪宗元和四年（809 年），白居易记录了他聆听一代琵琶大师赵璧弹奏五弦琵琶时的内心感受，让人印象十分深刻。今天，当我们有幸再次听到五弦琵琶的乐音时，应该对先辈们怀抱感恩之心，因为在探索唐朝文化的过程中，他们付出了艰辛的努力，而我们可能永远不会知道他们的名字。

"唐物"和"唐样"怎样来区分

正仓院中的文物被认为充分反映了唐朝贵族的生活面貌，但其中被确认真正来自唐朝的文物只占很少一部分，更多的部分是当时及稍后的日本工匠按照唐物仿制和创造的。所以，日本文献对这些文物的记载，一直有"唐物"和"唐样"的区别。尽管这些文物的工艺和年代非常接近，人们还是可以借助现代考古手段，对它们加以区分。学者们对其中的绣线鞋和鸟毛立女屏风的研究便是很好的例子。

我国史书记载，盛唐时期的贵族女性间曾流行一种轻便的线鞋。这种鞋究竟是什么样的？正仓院中的绣线鞋为人们提供了直观的实物资料：这种鞋的表面以带花纹的绢锦装饰，内部则由麻布和纸构成。人们通过研究其中的麻布纤维发现，这种纤维所属的黄麻是日本所没有的，所以这些鞋子应该是唐朝的舶来品。

按照同样的思路，人们也对鸟毛立女屏风进行了研究。结果发现，制作屏风上女性羽衣的鸟羽是日本雉鸡的，所以这些屏风可能是日本工匠按照唐物仿制的。进一步的研究发现，这些屏风所用的衬纸为日本天平胜宝四年（752年）的文书，再次确认了这一点。

正仓院藏绣线鞋

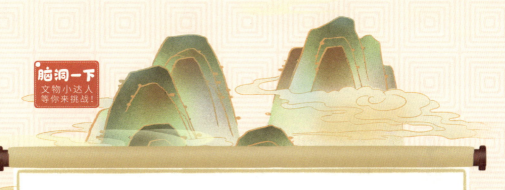

　　乐音转瞬即逝，想要将其用一系列符号记录下来，并不是一件容易的事。所以，世界上只有少数几种相对成熟的乐谱，包括五线谱、简谱等。我国古人也创建过一系列有效的记谱方式，比如直接用文字描述古琴弹奏细节的文字谱，以及可能由管乐器指法记号演变而来的工尺谱等。在日本正仓院所藏文书的背面，人们发现过一份唐朝的琵琶谱，被称为《天平琵琶谱》，它虽只有短短数行，却十分珍贵，让人们对当时的记谱方式有了更多了解。下面是两份古代的乐谱，其中一份是《天平琵琶谱》，另一份则是著名的古琴谱《秋鸿》，你能将它们区别开来吗？

A

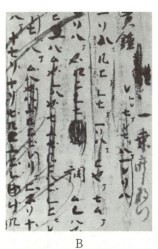

B

唐青花碎片：
风靡世界的青花瓷，最初究竟什么样

沉船里的珍宝

这是一艘与众不同的沉船，尽管几近解体，它的发现还是震惊了世界。其中原因，不仅在于它奇特的造船技术、堪称壮举的航程，也在于它如时间胶囊般保存了整船的货物，而这些货物绝大部分来自大唐。整件事还得从渔民的偶然发现说起。

在印度尼西亚苏门答腊岛与加里曼丹岛之间，有一座名叫勿里洞的美丽小岛。20世纪90年代，附近渔民在海底进行采集和捕捞时，常能发现各种奇珍异宝。消息传出后，很快吸引了海上"寻宝猎人"的注意。1997年至1998年，几艘古代沉船在附近海域接连被发现，那艘满载唐朝货物的沉船便是其中之一。离这艘沉船不远，有一块巨大的黑色

"黑石号"上的伎乐纹八棱金杯

礁石，人们推测货船是因为撞上这块礁石而沉没的，便将它命名为"黑石号"。而今，这已是一个异常响亮的名字。

"黑石号"沉船长约 22 米，所有船板之间没有使用任何木钉或铁钉，完全是靠在船板上打出孔洞，用椰壳纤维等植物纤维编成的绳索缝合起来的，这与我国古代的造船技术截然不同。结合造船材料的来源、船体的形状等信息，人们最终认定，这是一艘来自阿拉伯地区、从事商业贸易的远洋航船。

经过近一年的打捞，人们竟在这艘沉船上发现了 6 万多件文物。这是一批不容忽视的宝藏，其中有来自唐朝的金银器、漆器、铜镜、钱币等，但绝大部分是瓷器，既有当时南方越窑的青瓷，也有北方邢窑的白瓷，而尤以湖南长沙窑的彩绘瓷为多，达到了不可思议的 5 万多件，主要是供日常使用的盘、碗。这些长沙窑瓷器，一部分用稻草捆扎成圆筒堆放在船舱里，一部分则以螺旋状码放在广东出产的青釉大罐里，仍然维持着装载时的包装形态，十分难得。

陶瓷作为时代风格鲜明的文物，对考古学家来说非常重要，"黑石号"沉船上产自不同地区的陶瓷同样如此。在一件长沙窑阿拉伯纹碗的外侧，人们发现了"宝历二年（826年）七月十六日"的字样，这是一位制瓷匠人在不知怎样的机缘下刻写上去的，却为今天的人们锁定这艘沉船的年代提供了重要信息。考虑到长沙窑瓷器以出口外销为主，时效性比较强，所以这批货物的装船时间距这只碗的烧造时间不会太远。考古学家据此认为，"黑石号"来到唐朝的时间应该在9世纪前期，此时已是唐朝中晚期。

| 唐 长沙窑黄釉褐蓝彩云荷纹罐

长沙窑是一个很有平民意识的窑口，常以流行的诗文、谚语、俗话装饰瓷器，并以低廉的价格参与市场竞争，所以它能

| 唐 长沙窑青釉绿彩阿拉伯文扁壶

"黑石号"上的白釉绿彩执壶

"黑石号"上的白釉绿彩吸杯

作为大宗商品行销海外并不稀奇。但令人费解的是，在"黑石号"沉船上，人们竟然还发现了底部带有"盈"和"进奉"字款的瓷器。这些作品中有不少是精美的白釉绿彩瓷，不仅设计奇巧，而且精工细作。"盈"指的是皇家私库"大盈库"，"进奉"也很容易理解。带有这类底款的器物一般认为是要被皇家私藏、仅供皇室使用的，为什么会出现在这里呢？或许这类器物确实是供皇室使用的，却并非专用。也可能出于筹措军费的需要，皇帝不得不忍痛出售私库里的宝物，这样的事情在唐朝中晚期确实发生过。不管怎样，这都给了普通人拥有它们的机会。

"黑石号"沉船上的不少瓷器都令人大开眼界，不过，船舱尾部的重要发现——那抹浓重的幽蓝，给考古学家带来了更大的惊喜。某种程度上，这正是考古学家一直想要寻找的宝物，没想到它会在这里与人们不期而遇。

来自东方的神秘艺术品

陶瓷作为中国曾经特有的商品被带到异国他乡，有着非常悠久的历史。元明时期，随着欧洲与中国商贸往来的频繁，以及中国制瓷技术的进步，中国瓷器开始在欧洲市场大受欢迎，并于明末清初掀起了一股愈来愈盛的收藏狂潮。欧洲的不少达官显贵对中国瓷器，尤其是当时的主流产品青花瓷，一见倾心。这种来自东方的神秘艺术品，瓷质细腻洁白、花纹幽青明丽，令他们爱不释手、如痴如醉。

奥古斯都二世是波兰历史上有名的国王，也是当时一位狂热的中国瓷器收藏者。有一次，他在普鲁士王宫看到了一批十分罕见的青花大罐，从此便念念不忘，一心想要据为己有。这些满绘蕉叶纹、衔草龙纹和缠枝莲纹的青花大罐，属于康熙时期的外销瓷精品，器型硕大，高近1米，是将中国传统器型"将军罐"加长后，按照宫廷陈设的需要专门定制的。1717年，奥古斯都二世的愿望终于实现了，他从普鲁士国王手中获得了151件中国瓷器，其中最重要的部分就是那批气势逼人的青花大罐。因为无力购买，他最终不惜以600名全副武装、极具战斗力的"龙骑兵"进行交换，可谓疯狂至极。此后，这批青花大罐便以"龙骑兵罐"或"近卫花瓶"的名称广为人知了。

龙骑兵罐的故事不过是中国青花瓷在世界艺术史上创造的数不胜数的传奇之一。它之所以备受瞩目，除了与它出类拔萃的艺术成就有关，也与它身上的各种谜团和传说密不可分。青花瓷是一种以氧化钴为着色

元 青花云龙纹象耳瓶

剂在瓷胎上绘画纹饰，再罩透明釉，入窑高温一次烧成的釉下彩瓷器。因为纹饰位于釉面之下，青花瓷具有永不褪色、安全无毒的特点。通过写有"永乐年制""大明宣德年制"的款识，人们在很长一段时间内认为，青花瓷是在明朝初年诞生的，但后来的一系列发现颠覆了这种观点。

1929年，英国著名学者霍布逊发文介绍了一只由英国著名收藏家大维德爵士收藏的青花云龙纹象耳瓶。这只高63.5厘米的大瓶之所以引起霍布逊的注意，是因为它的颈部有长达62个字的铭文，详细记录了这只大瓶的用途、供奉地点等信息，尤为重要的是上面的日期——至正十一年（1351年）四月。"至正"是元顺帝的年号，也是元朝最后一个年号，这意味着这只大瓶是一件地地道道的"元青花"，这完全推翻了青花瓷诞生于明朝初年的论断。1931年，霍布逊又发文介绍了另一只与此几乎相同的青花大瓶，实际上它们原本就是一对。1935年，这只大瓶也被大维德爵士购藏。鉴于它们重要的学术价值，人们后来称这对大瓶为"大维德花瓶"。

霍布逊的研究引起了美国陶瓷学者波普的注意。20世纪50年代，波普以"大维德花瓶"为标准器，通过器物类型学的研究，先后从土耳其托普卡帕皇宫和伊朗阿德比尔清真寺收藏的中国青花瓷中甄选出几十件，归入了"至正型"元青花的范畴。在此之前，这些绘画精美、器型硕大的青花瓷珍品，一直被认为是明朝初期的作品。由此，人们越来越清晰地认识到，青花瓷的诞生确实早于明朝，并且有一定数量的作品流传于世。而根据元朝晚期航海游历者汪大渊的记述，当时中国所产"青白花瓷"已销往南亚、东南亚、中东等地的很多国家。他这里所说的"青白花瓷"被认为正是元青花。

不过，一个新的问题很快出现了。无论流传于世的元青花，还是考古学家在墓葬中、窖藏中发现的元青花，大都非常精美，已属发展成熟的青花瓷。一粒种子不可能未经萌芽便直接长成参天大树，所以，在"至正型"元青花之前，一定还有其他类型的青花瓷。只是，这样的青花瓷到底在哪里？又长什么样呢？

🎎 唐青花的秘密

1975年，考古学家对江苏扬州唐城遗址进行了发掘。在黑灰色的土层中，他们发现了一块与众不同的白色瓷片。这块瓷片长8.4厘米、宽7.6厘米，应该是一件瓷枕破碎后散落下来的。令人惊讶的是，瓷片

扬州唐朝遗址中发现的青花标本

上的图案竟然是青色的，与后世的青花瓷极为相似。尽管在相同的土层中出土了开元通宝等唐朝遗物，人们依然觉得匪夷所思。认真观察这块瓷片，上面的图案也很特别，主要是一些碎叶纹点缀在两个嵌套的菱形图案周围。在此前的唐朝瓷器上，人们从未见过类似的图案。这难道真的是唐朝的青花瓷吗？

之后几年，人们在扬州的唐朝遗址中陆续发现很多带有青花纹饰的白瓷片。它们的制作工艺、绘画方式和装饰图案，与之前发现的那块枕片有很多相同之处，完全可以归入一个系列。不少学者据此认为"唐青花"应该真的存在，而且绝非某位陶瓷匠人灵光一闪，偶然创作了一两件那么简单。不过，唐朝的扬州城是商贾云集的国际大都会，到这里经商和定居的外国人数不胜数，他们在将中国物产带回自己国内的同时，难免也会将自己国家的器物带到中国。这些明显带有异域风格的器物会不会是从国外传入的呢？因为西亚和中东地区不少国家崇尚蓝色，他们

| "黑石号"上的唐青花瓷盘

以氧化钴作为着色剂装饰陶器的历史也很悠久。随着"黑石号"沉船上那抹幽蓝的闪现，这个谜团终于被解开。

在"黑石号"沉船的船舱尾部，人们赫然发现了三件完整的"青花"瓷盘，它们和之前扬州发现的那些瓷片明显属于同一类器物。由此可以认定，这些"青花瓷"是唐朝销往国外的产品，是地地道道的"中国制造"。更重要的是，这三件保存完好的瓷盘使之前那些瓷片上残缺不全的图案清晰了起来，为人们了解这类器物的面貌提供了更多信息。

纵观已发现的这些"青花瓷"，主要有盘、碗、壶、罐、炉、枕等器型，装饰图案则有团花、碎叶、蔓草、圆点、竖线等。其中经常出现、颇有特点的纹饰组合，是菱形纹、棕榈叶纹与朵花的搭配。这些蕴含中国元素却又与传统陶瓷迥然有异的器物，明显受到了伊斯兰文化的影响。

尽管青色在以往并不怎么受欢迎，但如此与众不同的器物，仍不免获得唐人的喜爱。2006 年，考古学家在河南郑州的一处唐朝墓葬中，发现了一对制作精良、保存完好的"青花"塔式罐，说明这类器物已进入唐人的生活。更值得玩味的是，除了当时一般"青花瓷"上常见的纹饰，其中一只塔式罐上还出现了幼童执杖打球的图案。更多中国元素的融入，意味着这类器物开始被赋予新的活力和生机。

这些带有"青花"图案的白色陶瓷，真的属于广为人知的青花瓷吗？考古学家通过研究发现，虽然它们的烧造温度还不能和后世青花瓷相提并论，但它们确实是以氧化钴为着色剂，通过高温烧制的釉下彩瓷器，完全可以称为"早期青花瓷"。所以，当人们面对这类器物时，难免会产生穿越时空的错觉。谁能想到，在遥远的唐朝，我们的祖先已能看到如今环绕在我们周围的器物呢？

随着唐朝的终结，青花瓷向前发展的脚步也停住了。不过，几百年之后，它的光彩将再度闪耀，而这一次，它的美会惊动整个世界。

| 唐 青花塔式罐（两只）

唐朝的青花产在哪儿

| 唐 白釉蓝彩陶罐

江西景德镇是我国著名的瓷器之都，元明清时期惊艳世界的青花瓷绝大部分产自这里。那么，唐朝的青花瓷产于哪里呢？实际上，当考古学家发现扬州的唐青花瓷片时，不少学者已意识到这类器物与河南巩义地区一些窑口烧造的瓷器存在相似之处。这些窑口当时不仅烧造白瓷，也烧造唐三彩，而其中一些以氧化钴为着色剂的白釉蓝彩器，已与青花瓷非常相似。这些白釉蓝彩器的烧制方法与唐三彩基本相同——烧制温度都比较低；多通过素烧和釉烧两次烧成；图案多在釉上，且很难精细把控。

唐朝中晚期，这些窑口的烧造温度得到了明显提高，陶逐渐向瓷过渡，烧制次数和涂彩方式也发生了改变，这些都为唐青花的诞生提供了条件。而科学研究证实，包括"黑石号"沉船上的三件瓷盘在内，很多唐青花所用氧化钴的成分都与这些窑口所用的极为相近。因此，唐青花的烧造地点基本可认定就在河南巩义一带。

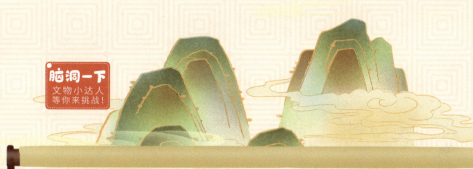

陶瓷是带有明显时代印记的器物，作为后起之秀的青花瓷更是如此。对训练有素的考古学家而言，看到青花瓷便可大致锁定它的年代。他们之所以能做到这一点，与不同时代青花瓷的造型、绘画方式、青花染料的呈色效果都有关系。仅就呈色效果而言，元朝的青花瓷使用了进口染料，图案犹如画在宣纸上，带有晕散效果，颜色浓重处甚至会出现锡光斑，就像用铅笔在一个点上反复涂画一般；而明成化年间所用青花料，发色较为淡雅，略带灰度，很有特点；发展至清康熙年间，国产青花料提炼纯净，呈色明亮艳丽，没有晕散效果，也没有锡光斑，别是一番面貌。下面这三件青花瓷正属于这三个时期，你能将它们对应起来吗？

佛光寺东大殿:
一份特殊"寻宝指南"里的建筑瑰宝

 探秘佛光寺

在我国甘肃省西部,一直有个神秘的地方声名远播,它就是敦煌。作为古代丝绸之路的重要站点,敦煌有着悠久而辉煌的历史。"敦煌石窟""敦煌壁画""敦煌文书"等古物遗存,为今天的人们了解古代的历史和文化,提供了数量巨大且极为珍贵的资料。当然,这些资料之中也隐藏着很多唐朝的秘密。

敦煌石窟第 61 窟,为敦煌石窟中为数不多的大型洞窟之一,由五代时期的归义军节度使曹元忠及其家眷为供奉文殊菩萨而开凿,因此又被称为"文殊堂"。根据相关佛经记述,古人认为山西五台山为文殊菩萨常住之所,所以当时的画师在文殊堂的正壁上绘了一幅规模宏大的《五台山图》作为背景图。

| 敦煌壁画《五台山图》中的佛光寺

　　这幅长 13.45 米、宽 3.42 米的壁画，不仅描绘了与佛教有关的奇异景象，也描绘了从山西太原到河北镇州（今河北正定）方圆数百里的山川形势，其间城郭、寺院林立，活跃着不同阶层、形形色色的人物。对有些人来说，这幅壁画不过是弘扬佛法的普通图像，但对有心人来说，它是可遇而不可求的"藏宝图"。随着一处唐朝宝藏因它被发现，人们越来越清楚地意识到，这幅结合了真实历史状况的壁画，原来是地地道道的"寻宝指南"。

　　关于那处唐朝宝藏的发现，还得从我国蜚声世界的建筑学家梁思成先生说起。梁思成生于 1901 年，1924 年至 1927 年就读于美国宾夕法尼亚大学，之后又到哈佛大学学习，接受了系统的建筑学教育。1928

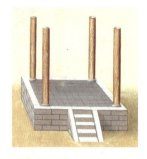

我国木构建筑修造示意图

年，梁思成和夫人林徽因学成归国，凭借对我国古建筑的研究，很快取得了举世瞩目的成就。尽管如此，他们还是觉得有一项重要的使命没有完成，那就是找到唐朝的木构建筑，为中国建筑的复兴提供史学支撑。

我国的传统建筑，从史前社会开始，历经数千年的发展，形成了完整而独立的系统。对一个单体建筑而言，其在结构上主要由台基、屋顶和作为骨架的屋身三部分构成。修建时，需要先夯土垒石以成台基，然后于台基上立一定数量的木柱，再于木柱上安置梁、斗拱等木质构件，承托屋顶即可。屋身的木柱与木柱之间可根据需要修砌墙壁或安装门窗，甚至什么也不做。总体而言，我国的传统建筑为木构建筑，本身很难保存，加上自然灾害的破坏、战火的焚烧，我国唐朝及以前的木构建筑，曾一度被认为已然绝迹。这对我国建筑史甚至是文明史而言，无疑是莫大的遗憾。

但在梁思成夫妇看来，以中国地域之广大，这样的建筑在某个角落一定还存在。这种信念支撑着他们于 1937 年 6 月踏上了前往五台山探索古刹的旅程。因为在有关敦煌的书籍中，他们看到了第 61 窟的那幅《五台山图》，图上众多的千年古刹令他们深感震撼，特别是其中的"大佛光之寺"，强烈牵动着他们的神经。

以《五台山图》为"旅行指南"，骑着骡马走过险峻的山道，梁思成先生一行终于在一个宁静的黄昏，与佛光寺相遇了。他们在其东大殿的廊檐下驻足许久，惊叹不已。在随后几天的勘察中，他们在佛光寺东大殿的横梁和殿外的石幢（chuáng）上发现了同一个名字——佛殿主宁公遇，而石幢上刻写的确切时间是唐宣宗大中十一年（857 年）十月二十日（文殊菩萨出家日）。这实在是一个激动人心的发现，因为这意味着佛光寺东大殿是确定无疑的唐朝木构建筑，足以打破当时我国已无唐朝木构建筑的断言。

佛光寺东大殿，这座因为深隐山林而躲过千年劫难的建筑，使 1937 年成了我国建筑史上值得纪念的年份。从此之后，这座带有唐朝印记的建筑，开始带给人们诸多惊喜，为人们重构唐朝的文化版图提供源源不断的灵感。

东大殿之美

"清晨入古寺，初日照高林。曲径通幽处，禅房花木深……"想要一睹佛光寺东大殿的雄姿，从山门拾级而上，不免令人想起盛唐诗人常建的诗句。位于佛光山中的佛光寺，依山而建，坐东向西，东、南、北三面环山，松柏荫翳，风光旖旎（yǐnǐ）。全寺现有三重院落，建在梯田式的寺基上，位置渐次抬升。作为佛光寺的正殿，东大殿建在最后一个院落里，居高临下，统摄全寺。从大殿内向西眺望，远山层层叠叠，云烟随风舒卷，倏忽光影变幻，不禁让人慨叹古人选址建寺的高妙。

根据文献记载，佛光寺创建于北魏孝文帝时期（471—499年）。之后一百多年，佛光寺之名屡见于史籍，在此生活的高僧大德辈出，不少名震南北。进入唐朝，佛光寺同样十分兴盛，甚至身居长安的唐朝皇帝都曾遣使到此参与佛事活动。中唐后期，名僧释法兴在佛光寺建起三层弥勒大阁，十分宏伟。遗憾的是，他圆寂之后不过十几年，崇信道教的唐武宗李炎鉴于寺院泛滥，毅然发动了轰轰烈烈的灭佛活动，因其年号为"会昌"，史称"会昌法难"。全国寺院因此而被毁坏者不计其数，佛光寺建筑也在一夕之间荡然无存。

唐武宗因长期服食丹药驾崩后，继任者唐宣宗李忱认为，佛教信仰久行其道，各地可精选有德高僧，再造名刹。通过选定僧员、特许营造等流程，佛光寺重建的任务落在了愿诚法师身上。他没有辜负人们的期望，唐宣宗大中十一年（857年），佛光寺的东大殿终于落成。此后，它历经千年风雨，以几乎原本的形态存留到了今天。

作为唐朝高等级、殿堂式的木构建筑，佛光寺东大殿一个突出的特点是"斗拱雄大，出檐深远"。根据测量，东大殿的殿檐探出殿外近4米，其深远程度是宋朝以后的木构建筑所达不到的，充分展现了唐朝建筑雄浑阔达的气度。当然，如此深远的出檐，需要相应的斗拱作为支撑。斗拱是我国古代建筑中极具特色的木质构件，为立柱与横梁等结

佛光寺东大殿实景图

构间的过渡部分，它能将屋顶的重量引导到立柱上，使屋檐较大程度地外展，并且它本身还有很好的装饰作用。佛光寺东大殿的斗拱数量并不多，但极为硕大，层层叠叠犹如盛放的花朵，高度达到了立柱的一半，看上去十分壮观。发展到后来，我国古代建筑中的斗拱变得越发纤小而繁密，甚至失去了承重作用，已与大唐的气度有了天壤之别。

　　佛光寺东大殿之所以令梁思成叹为观止，更重要的一点在于它的内部结构。就像汉字有造字法一样，我国古代建筑也有设计建造的特定结构和规则，这就是它的"文法"。只有掌握了这种"文法"，才算真正掌握了我国古代建筑的精髓。而特定时代的建筑"文法"一旦消失，便意味着一种文化的消失。

　　当人们因为缺少原汁原味的唐朝木构建筑而备感遗憾时，佛光寺东大殿的发现，为人们破解唐朝木构建筑的"文法"提供了机会。随着建筑学家研究的深入，一些一度消失不见的唐朝建筑"文法"，重新进入了中华文明系统。所以，佛光寺东大殿是当之无愧的国之重宝，也是梁思成先生一生中极重要的发现。不过，佛光寺东大殿能带给世人的，还远不止此。

另外"三绝"

梁思成曾总结道，唐朝的建筑、雕塑、壁画和墨迹，这四者随便一种都足以称绝，而佛光寺东大殿竟集四者于一身，不得不说它极其珍贵。所以，建筑之外，佛光寺东大殿的其他"三绝"也断然不可忽视。

进入佛光寺东大殿，可以看到数量众多的古代塑像，其中最引人注目的，是位于大殿佛坛上的35尊塑像。这些高大宏伟的彩塑，可按主像的不同分为五组。中间三组，以正中的释迦牟尼佛、左侧的弥勒佛、右侧的阿弥陀佛为主像，一组7尊，包括一佛二弟子二胁侍菩萨二供养菩萨。这三组佛像两侧，各有一组菩萨像，每组5尊，包括一菩萨二胁侍菩萨一童子一御者，左侧主像为普贤菩萨，右侧主像为文殊菩萨。这两组菩萨像外侧，各有天王像1尊。除此之外，佛坛上还有佛殿主宁公遇像1尊和韦驮像1尊。运用现代科技手段，研究者发现，这些彩塑除了韦驮像为后期从山门处移来，其他34尊的木骨泥胎和部分颜料层，均为晚唐始建时的原物。而根据五代时期到过佛光寺的古人记述，当时大殿里的佛像构成便基本如此。

虽然这些彩塑在历史上经过多次重装，表面颜色和纹饰发生了较大变化，但它们的样态依然能让人感受到来自唐朝的气息。尤其是其中的菩萨像，在秀美的女性形象中融入智慧和个性，衣袂轻盈透帖，身形圆

佛光寺东大殿中
经过后世重装的
唐朝佛像

润饱满，举手投足间焕发着安静祥和的美感和对人世的关怀。这种"人物丰浓，肌胜于骨"的样貌，更具世俗情态和审美感染力，与前代神秘古拙而结构扁平的佛像相比有很大不同，极具艺术价值。

与这些彩塑同样具有震撼力的，是大殿中的唐朝壁画。其中一幅绘于大殿两个斗拱之间的空隙处（拱眼壁），被称作《弥陀说法图》。这幅壁画以三组身处圣境的佛和菩萨为核心，虽然尺幅不大，但人物众多，既有近处簇拥在三位主尊身边的听众，又有上部端坐于云头的听众，更有壁画两端仿佛从千山之外赶来的僧俗弟子。画面布局巧妙、画风雄健，与敦煌壁画中的优秀作品在塑形、用色等方面十分相似。根据与佛坛上佛像的对应关系，这幅壁画当是建殿时设计绘画的原作。

大殿中另一处唐朝壁画也很有特点，其发现也颇具传奇性。1964年7月，梁思成的学生、著名建筑学家罗哲文先生因雨被困佛光寺数日，他正好借此机会对佛光寺东大殿进行细致的观察，最后竟有不少收获，其中一项便是发现了释迦牟尼佛佛座背后的唐朝壁画。这处壁画高

佛光寺东大殿拱眼壁处的唐朝壁画《弥陀说法图》（局部）

唐 佛光寺佛像

约 30 厘米、长约 80 厘米，可分为彼此独立却又有内在联系的三部分，人们统称其为《镇妖图》。三幅画面描述了两个威武的力士和一个天王擒拿巨龙、妖猴和鬼怪的情景，而擒拿鬼怪的天王旁边还站着一位天女。这处壁画因为位置隐蔽、光线幽暗，长期未经打扰，竟还色彩如新。

　　佛光寺东大殿的唐朝壁画之所以重要，在于它们是十分罕见的寺观（guàn）壁画。根据史书记载，包括"画圣"吴道子在内的很多唐朝著名画家，都曾在寺观画过壁画，对后世产生了深远影响。可惜，如今能被认定为唐人真迹的绘画少之又少。那些传说中的著名画家，

| 东大殿佛座后的唐朝壁画（局部）

他们的作品究竟什么样？佛光寺东大殿里的这些壁画，或许能给我们多一些想象的空间。

除了唐朝壁画，罗哲文先生的另一大收获，是在佛光寺东大殿的大门背后以及大门门框上，发现了唐咸通七年（866年）、咸通八年（867年）、乾符五年（878年）、五代及之后的多处墨书。这些墨书不仅说明了就连这几扇大门都为建殿时的原物，还和梁思成先生在房梁上发现的那些墨书一起，构成了完整的证据链，为这座大殿是唐朝建筑提供了有力支撑，并为人们了解这座大殿的建造史和唐朝文化提供了重要信息。

就这样，通过《五台山图》，佛光寺"重新"出现在世人面前，并备受瞩目，赢得了来自世界各地的惊叹。随着山西省五台县南禅寺大殿、芮（ruì）城县广仁王庙大殿、平顺县天台庵等数座唐朝木构建筑的发现，这些时代久远的建筑瑰宝，开始作为一个群体，继续讲述着有关唐朝的传奇。

宁公遇究竟是什么人

在佛光寺东大殿的屋梁上，有"佛殿主上都送供女弟子宁公遇"的墨书题记。作为佛殿主的宁公遇究竟是什么人呢？"上都"自然指唐朝的都城长安。而所谓"送供"，指专程奔赴寺院运送钱物的行为。《五台山图》中，就有不少送供的场景，声势浩大。施舍钱物的人非富即贵，他们不便亲自前往，往往会派信得过的人负责，这些负责人就是专门的"送供使"或"送供道人"。宁公遇显然担负了这样的职责。

作为一名女性，宁公遇负责运送的钱物来自哪里呢？佛光寺东大殿的屋梁上，记载了一位十分有权势的"功德主"，也就是"故右军中尉王"。"故"是死去的意思，而"右军中尉"是此人担任的官职，为朝廷禁军神策军的右军统领。这一职务在当时多由宦官担任。"王"指此人姓王。

唐朝晚期，宦官专权，他们不仅担任要职，还常在外娶妻。不少学者认为，宁公遇可能就是这位王姓宦官的遗孀。作为送供使将钱物用于兴建佛光寺之后，宁公遇便留在了那里，成了负责管理大殿的"佛殿主"。

东大殿房梁上带有"宁公遇"字样的唐朝墨书。房梁上方的红色木格叫"平闇（àn）"，其上可加盖板，遮挡上方屋架

我国古代建筑涉及的领域众多，即便一个简单的建筑构件，往往也蕴含博大精深的文化因素，"鸱（chī）吻"便是如此。"鸱吻"是我国古代建筑屋脊正脊两端的一种装饰物。"鸱"一开始作"蚩（chī）"，指一种可以喷浪降雨的海兽。古人将其形象置于屋脊上，主要是讨个避火的吉利。鸱吻的形制在历史发展中有较大变化，初作"鸱尾"之形，类似鱼尾的样子，晚唐五代时期开始大量出现兽头形的——状如鱼而尾部上卷，大嘴圆张欲吞屋脊。其名称也由"鸱尾"渐渐变成了"鸱吻"，而"鸱"也常作"螭（chī，一种龙）"，鸱吻由鱼形开始增加越来越多龙的元素。总之，从汉朝至明清，鸱吻的演变经历了一个由简而繁的过程。下面三个鸱吻图像分属三个朝代，你能将它们和所属朝代连接起来吗？

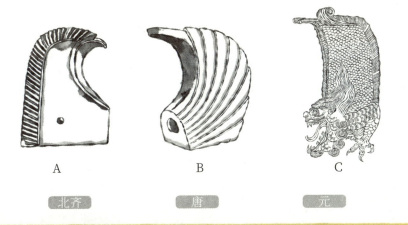

A　　　　　　　　B　　　　　　　　C

北齐　　　　　　　唐　　　　　　　元

"秘色瓷"密码：
夺得千峰翠色的"秘色"，到底是种什么色

诗人给出的难题

　　"丈夫非无泪，不洒离别间。……所志在功名，离别何足叹。"这是晚唐著名文学家陆龟蒙写下的诗句。这位祖上历代为官的姑苏（今江苏苏州）人，年轻时也曾汲汲于仕途，希望报效国家。遗憾的是，他生活的晚唐政局混乱，藩镇势力你方唱罢我登场，文人士大夫能独善其身已是幸事，更遑论建功立业了。所以，在做了一段时间地方官的幕僚之后，他再也无心仕途，决定搬离姑苏城内的老宅，到吴淞江畔的甫里（今苏州甪直）过逍遥自在的隐居生活。其间，除了饮酒啜茶、出游垂钓，他还潜心著述，与皮日休等人交流唱和，留下了不少文学作品。

　　不过，说起晚唐文学家，人们耳熟能详的自然还是杜牧和李商隐。

他们诗名赫赫，并称"小李杜"。论写诗，他们确实技高一筹，但论写针砭（biān）时弊的小品文，陆龟蒙和皮日休可就不遑多让了。鲁迅先生曾说，陆龟蒙和皮日休自以为隐士，别人也称他们为隐士，但从他们所写的小品文来看，他们其实从未忘记天下，堪称晚唐烂泥塘里的光彩和锋芒。对文学家而言，能获得这样的评价可算极大的褒奖了。虽然陆龟蒙的诗名不盛，但生于以诗著称的王朝，他的诗也绝非泛泛，比如其中一首关于瓷器的咏物诗，便直接以"浮夸"的言辞，留给后人一个千古谜案。

在这首诗里他写道："九秋风露越窑开，夺得千峰翠色来。好向中宵盛沆瀣（hàngxiè），共嵇中散斗遗杯。"人们知道，"越窑"是我国古代浙江地区的著名青瓷窑口，"沆瀣"是夜间的露水，"嵇中散"是魏晋时期"竹林七贤"中的名士嵇康，但这首诗的题目《秘色越器》中所提的"秘色"到底是什么意思呢？或者说，这种"秘色瓷"到底是怎样一种瓷器呢？从陆龟蒙最早提到"秘色瓷"，之后历朝历代的人们对它是什么一直众说纷纭，始终没有给出一个确定的答案。

宋朝不少学者认为，"秘"当是"秘而不宣""秘不示人"之意，因为秘色瓷是晚唐五代时期越窑工匠进奉给当地吴越国，仅供王室使用的，一般百姓不得使用。既然是王室专用，自然要使用特殊的胎釉配方、特殊的制作工艺，以突显其珍贵了。可如果这种说法准确无误，为什么要在"秘"字后面加一个"色"字呢？难不成"秘色"指的是一种颜色？这又是怎样一种颜色呢？

西晋 越窑青釉宝鹅耳铺首纹罐

"名不正，则言不顺；言不顺，则事不成"，名字对文物而言，有时非常重要。文化的传承，很多时候依赖于名称与器物的吻合，不然很容易造成信息的错漏和误会的发生。

不凡的出身、与众不同的名字、前所未有的赞誉……无论从哪个角度看，秘色瓷都赚足了眼光。晚唐五代，甚至北宋早期，人们都有幸见过这种瓷器的真容，叫得出它的名字，但到了后世，因为缺乏实物资料，历代文人对它的记载，就只剩下了传说和臆测。人们不知道何时才能见到谜案破解的曙光，直到 1987 年考古学家在法门寺地宫中发现大批唐朝的珍宝。

谜题的答案

在法门寺地宫中的"物帐碑"上，考古学家赫然发现了这样的文字——"瓷秘色碗七口，内二口银棱；瓷秘色盘子、叠（碟）子共六枚"。看到这里，人们兴奋不已——难不成历史上那个千年谜案就要破

法门寺地宫中
的"物帐碑"

解了？而且即将出现在面前的秘色瓷，一次竟有 13 件之多！这是多么不可思议的事！

之后，在清理地宫文物时，考古学家果然发现了一批瓷器。这些瓷器被薄纸和丝绸悉心包裹后，首先放进了一个包袱里，然后又放进了一个漆盒里，由此可见物主对它们的珍视。历经了千年时光，这些瓷器还像新的一样，只是最初包裹它们的薄纸和丝绸，已经与瓷器表面粘连在了一起，成了这些瓷器不可分割的一部分。细心观察会发现，粘在瓷器表面的薄纸上，还印有精美的仕女图。

这些瓷器会是"物帐碑"上记载的秘色瓷吗？越是接近真相，越令人心潮澎湃。数一数这些瓷器，正好 13 件，与"物帐碑"上所记数字完全吻合！毫无疑问，这就是史书上赞誉无数的秘色瓷了！

秘色瓷露出真容之后，考古学家很快便解决了一个眼前的难题。法门寺地宫中，还有一件看上去应该属于秘色瓷的八棱长颈瓶，但它仿佛被孤零零地遗弃在了地宫的台阶上，没有和别的秘色瓷放在一起，也没

| 法门寺地宫中的秘色瓷碗

有被记入"物帐碑"。这件八棱长颈瓶明显要比其他秘色瓷更精美，为何它偏偏没有被记录在案？难不成它不是秘色瓷？如果不是的话，那秘色瓷的核心特征又是什么呢？

怀着谨慎的态度，考古学家对这件八棱长颈瓶进行了深入研究，发现其中装有五彩宝珠，所以它应该是用于供奉的宝瓶，并非盘碗一类的生活实用器。而且，它在地宫中的位置并不是随意摆放的，人们相信将它放在那个位置，它将和其他几个宝瓶一起，保护地宫中的宝物不被外界打扰。因此，这件八棱长颈瓶不但不是被遗弃的，反而有着更重要的用途。这决定了它不会与其他生活实用器放在一起，也没被记在"物帐碑"上。但这件八棱长颈瓶是确定无疑的秘色瓷，它的釉色、胎质和制作工艺与其他秘色瓷均如出一辙。

疑团渐渐变为线索，考古学家决定认真比对，看看秘色瓷与普通的越窑瓷器相比，究竟好在哪里！首先，秘色瓷的器型更加规整，制作更加精细。其中不少器物在造型方面参考了当时金银器的设计，胎壁薄而均匀，线条于硬朗中透着温柔，十分具有美感。以法门寺地宫中的花口碗为例，将其捧在手中，整只碗仿如盛放的花朵，碗口的每一处起伏、碗身的每一处弯折都干净利落，毫无拖沓之感，不能不让人感叹，制作它的匠人定然将一生的功夫都用在了这里。

其次，秘色瓷的釉质更加青亮，真可谓剔透如冰、玲珑似玉。陆龟蒙谓其"夺得千峰翠色来"，原来并非什么浮夸之辞，而是真实的写照。晚唐五代时期另一位诗人徐夤（yín），也曾写诗赞美秘色瓷，他的描述可以让我们进一步感受这种釉色之美："捩（liè）翠融青瑞色新，陶成先得贡吾君。巧剜明月染春水，轻旋薄冰盛绿云……"那件八棱长颈瓶被很多人认为是法门寺地宫中釉色最美的瓷器。与其他13件秘色瓷相比，它的釉色更加匀净，玻璃质感更强，那种让人在它前面不禁肃穆静立的美，怕是比明月点染春水、绿云透出薄冰的视觉感受更让人感到神秘吧。

通过比较研究，秘色瓷的面貌渐渐清晰起来。如今，考古学家终于可以确定，这种令人

法门寺地宫中的八棱净水瓶

叹为观止的青瓷，是越窑中特制的精品，其烧造始于晚唐而盛于五代，北宋初期逐渐衰落，是越窑工匠针对当时的土贡制度，不惜工本、精益求精的结果。所谓"秘色"，既有"秘不示人"之意，又有制作工艺独特，作品在釉色方面殊胜一般越窑瓷器之意。

越窑所在的吴越国，当然深知这种物产来之不易，唯有善加使用，方不负众望。经过他们的努力，秘色瓷不仅被唐朝皇室所青睐，也被前蜀、南汉等政权所珍视，成了备受瞩目的人间至宝。

对面相见不相识

来自晚唐的千古谜案终于告破，考古学家豁然开朗：秘色瓷固然制作精巧，令人爱不释手，但它并不像想象中那样是人们从未见过的器物。因为在此之前，人们已经从不少地方发现过晚唐五代时期的越窑精品瓷器，只是不能将它们与"秘色瓷"这个名称对应起来罢了，以至人们在面对这些可以归为秘色瓷的越窑瓷器时，竟相见不相识。

1956 年，考古学家在抢修苏州虎丘云岩寺塔时，在塔中第三层发现了一个暗藏的方窟，从里面提取出不少珍贵文物。其中一件精美的青釉莲花碗，让他们感到分外惊喜。这只碗由碗体和盏托两部分组成，皆用利落的刀法雕刻出清晰的莲花元素，组合在一起恰似一朵盛开的莲花。整件器物端庄敦厚，通体施青釉，釉质肥厚，光洁如玉。尤其值得一提的是，盏托中间还刻有"项记"二字，这应该是制作这件瓷器的越窑工匠所记。文字是考古学中的重要信息，文字的出现无疑让这件作品

更显珍贵。

考古学家很容易辨认出这是一件精美的越窑瓷器，于是在接下来的30多年中，它以越窑瓷器的身份参加了多次展览，却始终没有引起足够的重视，因为越窑瓷器在全国各地多有发现，难称罕见。随着秘色瓷谜案的破解，人们对这件作品有了更多认识。1995年，考古学家汇聚一堂，认为这件作品堪称秘色瓷的标准器。从此，它有了一个更确切的名称——五代越窑秘色瓷莲花碗。当年，云岩寺塔的修建得到了吴越国王室的大力支持，这件秘色瓷托盏或许就是他们供奉在这里的。

是时候好好感受一下秘色瓷了。如此之美的瓷器，在消失一千多年后，重新出现在人们眼前，这本身就是一个奇迹。曾有多少达官显贵希望一睹秘色瓷的光彩而不可得，又有多少文人雅士面对它的时候，相见却不相识。而我们，就这样轻易看到了它，叫出了它的名字。

如今，秘色瓷不再被层层迷雾包裹，但这又岂能削减它身上应有的光彩——那一汪青绿，因为制作者的虔诚，已铸就永恒。

秘色瓷的烧制秘密在匣钵

　　浙江慈溪上林湖一带有着悠久的制瓷历史。唐宋时期，这里是越窑的中心窑场，也是当时全国重要的制瓷中心。随着考古研究的深入，人们在这里发现了秘色瓷的核心烧造地——后司岙（ào）窑址，出土了大量秘色瓷样本、普通越窑青瓷样本和装烧瓷器的匣钵样本。研究发现，制作秘色瓷所使用的原料配方与普通越窑青瓷并无明显差别，而秘色瓷之所以品质更佳，除了工匠对原料的加工和瓷胎的处理更加精细，特殊匣钵的使用才是关键。

　　匣钵是烧造瓷器时常用的一种类似盒子的盛装用具。将瓷器放进匣钵中烧制，可以让瓷器免受落灰、气流等的影响，让釉面更匀净。另外，将匣钵密封起来，还可以制造烧制青瓷所需的缺氧环境，这一点尤为重要。烧制一般越窑青瓷所用的匣钵都是粗胎的，烧制秘色瓷所用的匣钵却是瓷质的，而且一件瓷质匣钵中只放一件瓷器。烧制时，工匠还会用釉将瓷质匣钵封死，之后非打破匣钵不能将秘色瓷取出，而一般匣钵是可以重复使用的，秘色瓷的烧制成本之高，由此可知。瓷质匣钵良好的密封性，保证了烧制秘色瓷所需的缺氧环境，所以秘色瓷的釉色往往更为青翠。

后司岙窑址出土的秘色瓷八棱净水瓶和匣钵

　　以秘色瓷为代表的越窑青瓷的烧制方法和审美趣味对后世，尤其是宋朝，产生了深远影响。宋朝蔚为大观的各类青瓷，包括龙泉青瓷、汝瓷，无不以釉色的清幽雅致著称，与越窑青瓷可谓一脉相承。与宋朝关系密切的高丽（朝鲜半岛古代政权），受宋朝瓷业影响，也创造出了著名的高丽青瓷。这种青瓷釉色青翠，有"翡色"青瓷之称，在当时甚至得到了宋朝皇室的青睐。高丽青瓷虽与越窑青瓷、龙泉青瓷和汝瓷颇为相似，但在很多方面都有差异。下面这四件青瓷，一件为越窑青瓷、一件为龙泉青瓷、一件为高丽青瓷、一件为汝瓷，你能将那件高丽青瓷找出来吗？

A

B

C

D

钱镠铁券：
生生不息的钱氏家族岂靠一张免死牌

 ## 声名赫赫的钱镠铁券

经过多年征战，元至正二十八年（1368 年），布衣出身的朱元璋在应天府（今江苏南京）登基称帝，建立新的王朝，国号为"明"。考虑到起兵以来诸多能臣志士跟随自己出生入死，立下了不世之功，朱元璋决定借鉴前代经验，采取颁赐"免死铁券"的方式保恤功臣，并更好地维护君臣关系。不过，一个现实问题摆在了他们面前——"免死铁券"到底什么样呢？这时，有近臣提到，台（tāi）州钱氏家族藏有一件唐朝铁券，或可作为形制上的参考。

提起这件钱氏铁券，其在历史上可谓声名赫赫。宋宁宗开禧三年（1207 年），南宋文学家陆游便曾著文回忆过他与这件铁券的缘分。70 多年前，年幼的他曾陪母亲至姨母家，拜谒了姨母的婆婆、宋仁宗之女庆寿公主，在她那里看到了状如筒瓦的钱氏铁券。如今，耄耋之年的他又在钱氏后裔这里看到了铁券券文的抄录本，上面还有北宋名臣钱惟演的手迹，于是不胜感慨。此前，钱氏铁券就珍藏在钱惟演手中。他去世后，铁券先由其子钱晦珍藏，后又由其孙钱景臻继承，而钱景臻的夫人正是庆寿公主。

靖康二年（1127 年），金人攻取北宋都城汴梁（今河南开封），徽、钦二帝及大量宗室成员被掳至北方，北宋就此灭亡。庆寿公主和宋徽宗之子赵构等幸免被俘，决定南下。不久，作为长辈的庆寿公主率先上表，请赵构继位，很快获得了众人的附议。赵构登基后，对这位长辈格外感激，曾下诏为其在台州修建宅第，让钱氏这一支在此安居。钱氏铁券也随之在台州代代相传，见证着历史的变迁。

朱元璋想要颁赐铁券、遣使索求时，钱氏后人将铁券送到了京城。朱元璋与众臣看后大开眼界，在翻刻了木券模型后，原件仍由钱氏后人珍藏。关于这件事，明朝"开国文臣之首"、著名诗人宋濂，曾在诗作中做过详细记述，并透露了更多有关钱氏铁券的信息。原来，南宋末年，元军进入台州时，钱家人曾带着铁券逃难，后死于途中，铁券也不知去向。没想到几十年后，铁券竟被一位渔人从河中捞出，后由钱氏家族重新购回。遗憾的是，由于长期浸泡等原因，铁券上的文字剥落了不少。

除了这段往事，宋濂在诗中也对铁券的形制进行了描述："精铁锻成大逾瓦，中突傍偃形如箕。又如玄甗（yǎn）剖其半，一片玄玉谁瑕

疵。凿鏾（kuǎn）填金文绚烂，笔画方整蟠（pán）蛟螭。誓辞三百有余字，河山带砺无嫌疑……"由此可知，这件铁券确实形如筒瓦，黑色的券面上嵌有 300 多个方整的金字，那是唐朝皇帝与钱氏先祖的誓约，希望彼此永无嫌隙、富贵与共。近 400 年后，乾隆皇帝也看到了这段誓约，他同宋濂一样，产生了颇多感慨。

1762 年，乾隆皇帝开始第三次南巡，原刑部侍郎钱陈群赶来迎驾。乾隆皇帝提出想要看一看传说中的钱氏铁券，钱陈群便从同族那里索来铁券呈了上去。乾隆皇帝观赏后，写诗感慨道："恕卿九死子三死，承我信誓钦毋忘。徒观剥蚀字漫漶，铁犹如此人何方……"所谓的"免死铁券"，果然有免死功能，并且不是免死一次，而是"恕卿九死，子孙三死"。可如今铁券上的文字已漫漶不清，什么样的富贵荣宠，又经得起人世变迁呢？

好在钱氏家族学风极盛，兼有家国情怀，即便朝代更迭，依然在不同环境下缔造了辉煌的家族传奇。他们之所以能做到这一点，还得回到唐朝，从留下那件免死铁券的吴越王钱镠（liú）说起。

吴越国的兴起

钱镠出生之时（852年），已是唐朝晚期。此时在位的唐宣宗李忱尚有名君风范，他以唐太宗李世民为榜样，体恤百姓、从谏如流，努力缓和中唐以来的各种社会矛盾，一度使国家出现了复兴的迹象，史称"大中之治"。遗憾的是，被宦官拥立继位的唐懿宗李漼（cuǐ）以昏庸相继，十几年间任人不明、游宴无度，李忱的努力顿时化为乌有，不少地方民不聊生，相继发生动乱。在此期间，钱镠通过读书、习武、贩盐，获得了一定的人生经验，后毅然投身行伍，以胆识过人、作战英勇深得当地镇将董昌的重用。

咸通十四年（873年），唐懿宗李漼驾崩，年幼的李儇（xuān）继位，是为唐僖宗。因不懂治国之道，唐僖宗不得不依赖身边的宦官。这些宦官把持朝政，肆意妄为，致使唐朝的政局愈发混乱。唐僖宗乾符二年（875年），以贩私盐为业的濮州人王仙芝发动起义，很快得到了黄巢的响应。他们采用流动作战的方式，历时数年，打遍了全国很多地区，致使唐朝的国力大为衰减。黄巢起义军打至临安（今属浙江杭州）时，钱镠巧妙运用虚张声势等战术，成功化解了这次危机，受到人们的广泛关注。

作为钱镠的上司，董昌通过平定叛乱，也获得了不少加官进爵的机会。一开始，他尚能听从朝廷调遣，但随着军事实力的不断增强，他也像很多地方豪强一样，希望割据一方，与朝廷分庭抗礼。唐昭宗乾宁二年（895年），昏庸的董昌竟然据越州（今浙江绍兴）自立为帝，国号"大越罗平"。钱镠劝告他，与其闭门做天子，使百姓身处水深火热之中，不如开门做节度使，享终身富贵。董昌不听，钱镠再劝之后决定派兵征讨，并最终将越州攻克。董昌在被押往杭州的途中死去。

鉴于钱镠讨伐董昌有功，"拯瓯越于涂炭之上"，"保余杭于金汤之间"，乾宁四年（897年），唐昭宗李晔（yè）决定颁赐钱镠"金版"一枚，承诺他"长袭宠荣，克保富贵。卿恕九死，子孙三死。或犯常刑，有司不得加责"。这枚"金版"就是流传后世的"钱氏铁券"。钱镠获得铁券后非常感动，嘱托晚唐著名文学家罗隐代写了《谢赐铁券表》。文中，钱镠表示："谨当日慎一日，戒子戒孙，不敢因此而累恩，不敢乘此而贾祸。"

当此之际，唐朝的藩镇割据已成尾大不掉之势，如钱镠这般兵权在握的军事将领大有人在，但并不是谁都像他一样不想染指天下。比如那个名叫朱全忠的人，便试图对唐王朝大动干戈。

唐朝的覆灭

唐僖宗中和二年（882年），黄巢手下部将朱温预感到他们的起义即将失败，决定投降唐朝。避居蜀地的唐僖宗得到消息后大喜过望，不仅让朱温继续统兵反攻起义军，还特意为他赐名"全忠"，以昭示他对朝廷的耿耿忠心。唐僖宗哪里能料到，正是这个被他寄予厚望的人，最后反倒成了唐王朝的掘墓人。

黄巢起义被平定后，朱温作为有功之臣大获封赏，他开始积极壮大自己的力量，逐渐成了唐末最大的割据势力。天祐元年（904年），朱温先胁迫唐昭宗迁都洛阳，数月后因忌惮唐昭宗落入他人之手，遂指使手下于夜深人静之时，以奏事为名闯入内宫，将唐昭宗杀死，唐朝的覆灭由此成为定局。自古亡国之君，未必全是昏庸暴虐之辈，唐昭宗李晔便是如此。他一直心怀壮志，希望能够复兴帝业，只是这个王朝积弊太久，大势已去，再难挽回。

唐昭宗死后，朱温立昭宗幼子李柷（zhù）为帝，是为唐朝最后一位皇帝唐哀帝。从此之后，朱温完全把持了朝政，并开始为自己称帝扫清障碍。天祐二年（905年），在将唐昭宗诸子缢杀之后，朱温又制造了"白马驿之祸"，将同情唐王朝的一大批高级官员杀害，投尸于滚滚黄河之中。天祐四年（907年），唐哀帝被迫将帝位"禅让"给朱温，唐王朝就此灭亡。朱温称帝后，改国号为"梁"，史称"后梁"，我国历史由此进入了战乱频仍、纷争不断的五代十国时期。

为了寻求支持，朱温登基后不久，决定封钱镠为吴越王。有臣下向钱镠谏言，应该拒绝梁朝的任命，但钱镠还是接受了，而且在之后的岁月中，他一直尊中原王朝为正朔，接受册封。这与他不想与人争利，希望能够保境安民有很大关系。后梁龙德三年（923年），钱镠被册封为吴越国王，吴越国的地位算是得到了正式承认。但就在这一年，后梁因为严重内耗，终被后唐所灭。后唐长兴三年（932年），钱镠病逝，一代英雄的人生就此落下帷幕，但他开创的事业并未因此止步。

为了使百姓安居乐业，钱镠据吴越之后，把发展经济放在了首位。他一边兴筑海塘、治理水患，一边奖励农桑、发展贸易，使杭州城得到扩建，吴越国富甲一方，百姓多年不知兵戈。在发展经济的同时，钱镠还非常重视网罗人才，振兴文化和教育事业，为江南的繁盛注入了新鲜血液，真正做到了泽被后世。

钱镠 77 岁时的投龙银简

　　后周显德七年（960 年），手握重兵的赵匡胤被拥立为帝，建立宋朝。经过多年征伐，宋朝统一江南的时刻终于到来。太平兴国三年（978 年），钱镠之孙钱弘俶（chù）为保吴越百姓不受磷青骨白之苦，决定"纳土归宋"，将所辖土地和人口悉数移交给宋朝，尽管他当时并非全无抵抗之资。这一举动开了我国和平统一的先河，堪称一次伟大的放弃，某种程度上也是对钱镠意志的遵从。因为他曾留下遗训，希望后世子孙能够"善事中国"，"如遇真主，宜速归附"。钱氏对百姓的庇护，由此可见一斑。

　　"民为贵，社稷次之，君为轻"，这是战国时期孟子告诫国君的话。唐太宗李世民秉持这样的理念治国，成就了唐朝的辉煌。钱氏秉持同样的理念治国，也赢得了世人的尊重。"长河有似带之期，泰华有如拳之日"，一枚铁券并不能护佑一个家族生生不息，但一种精神可以。

"免死金牌"真的可以免死吗

向有功之臣颁赐铁券的制度，从刘邦建立汉朝时便已创建。只是早期的铁券（契）尚无免死功能，仅相当于功臣及后世子孙晋侯袭爵的"功劳簿"和"保证书"。随着后世帝王笼络权臣的需要，免死除罪的内容逐渐成了铁券上的重要内容，"功劳簿"和"保证书"便成了"免死牌"，而且免死次数越来越多，并可用于后世子孙。因券文用丹砂、金、银等不同材质镶嵌而成，铁券又有"丹书铁券""金书铁券""金书""银券"等多种称谓。另外，因为铁券可世代相传，又有"世券"之称。那么，免死铁券真的可以免死吗？

尽管历史上不乏因铁券免死的记录，但一些获得铁券的大臣在面对皇权时，依然难免被杀的结局。比如李善长、傅友德都是获得过"免死铁券"的明朝功臣，但最后还是被朱元璋赐死了。朱元璋甚至针对已发放的"免死铁券"，专门制作了一块"铁榜"，对有些罪行减少了免死次数，有些罪行则明令不在免死之列。当然，对一些大臣而言，他们也不会因为区区一块铁券便心怀感恩，永远忠于朝廷，唐朝的安禄山、李怀光便是其中之例。

　　除了钱镠铁券，吴越国还给后世留下了很多其他宝物，其中一种便是用于盛装佛经或佛舍利的"金涂塔"。据文献记载，笃信佛教的钱俶曾制造了一大批这样的宝塔分送各大寺院。如今，这种造型独特的"金涂塔"在全国多地都有发现。所谓"金涂"，就是常说的鎏金工艺，其制作需要先将汞与金混合，做成半液态的金汞剂，然后将其涂于器表，加热后使汞挥发，金便可附于器表。古人用金装饰器物的工艺，除了鎏金，还有错金（镶嵌）、贴金、包金、炸珠等。下页三件器物中哪件采用了鎏金工艺，你能找出来吗？

五代 雷峰塔中发现的
鎏金银阿育王塔

A

B

C

"脑洞一下"互动问题答案及提示

第一章　国兴东方

第 11 页：A为当卢，为马头部的饰件，一般认为位于马额中央偏上部位；B为杏叶，为攀胸等带子上的饰件，多为扇形或叶形；C为火（云）珠，是马臀部一种珠状的饰件

第 33 页：F

第 43 页：B

第二章　梦回繁华

第 57 页：选C。A为汉昭明连弧纹镜拓片，B为汉四神博局镜拓片，C为唐菱花形双鸾衔绶镜拓片

第 77 页：A为半跏趺坐，B为轮王坐，C为全跏趺坐

第 87 页：冠角在龙龈两侧，为琴的尾端

第 99 页：A为回腕式执笔法，B为三指单钩法，C为握管法，D为三指双钩法，E为二指单钩法，F为五指执笔法

第 123 页：A为米点皴，B为披麻皴，C为斧劈皴

第 135 页：A为宋陈容《九龙图》（局部），B为唐盘龙镜

第 145 页：《瘗鹤铭》中的文字结体舒展、上下相衔如仙鹤低舞，其书体为楷书，兼行书与隶书笔意

第三章　盛世遗韵

第 171 页：A为古琴谱《秋鸿》，B为《天平琵琶谱》

第 183 页：A为元青花云龙纹高足杯，B为清康熙青花花蝶纹碗，C为明成化青花秋葵纹碗

第 195 页：A为唐鸱吻，B为北齐鸱吻，C为元鸱吻

第 205 页：选A。A为高丽青瓷执壶，B为宋汝窑盘（底部），C为晋越窑青瓷壶，D为北宋龙泉青瓷瓶

第 215 页：选C。A为唐摩羯纹金花银提梁壶，B为三星堆戴金面罩青铜人像，C为秦错金银铜伞杆构件

第 111 页：常玉画作